한국을 빛낸 위인

이 책의 구성

✦ 위인 정보가 머리에 쏙쏙! 다양한 놀이로 재미 팡팡!

❶ 시대와 위인을 소개해요.

❷ 위인이 살았던 기간과 큰 특징을 소개해요. 살았던 기간이 알려지지 않은 경우 물음표(?)로 표기했어요.

❸ 위인과 관련된 다양한 정보를 소개해요.

❹ 틀린그림찾기, 숨은그림찾기, 미로찾기 등 다양한 놀이를 해요.

❺ 날짜를 쓰고 오늘의 나를 칭찬하는 칭찬스티커를 붙여요.

❻ 위인이 한 명언이나 위인과 관련된 특별한 말을 알려 줘요.

❼ 위인을 멋지게 색칠해요.

❽ 위인과 관련된 단어를 따라 써 보세요.

캐릭터 소개

♥디디♥
얼굴에 D가 두 개! 무뚝뚝하지만 마음은 따뜻한 친구

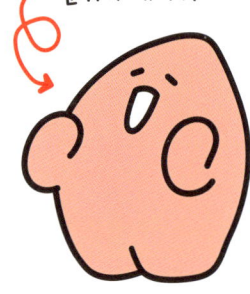

♥모♥
이게 '모'야? 호기심 많은 분위기 메이커

♥코♥
'코~' 잠꾸러기. 조용하고 느긋한 평화주의자

♥코♥
'노!' 단호한 성격

차례

- 이 책의 구성 / 캐릭터 소개 · 2
- 차례 · 3

단군 · 4	견훤 · 30	이황 · 58	김만덕 · 84
주몽 · 6	왕건 · 32	임꺽정 · 60	정약용 · 86
광개토 대왕 · 8	강감찬 · 34	이이 · 62	신윤복 · 88
진흥왕 · 10	김부식 · 36	곽재우 · 64	김정호 · 90
온달 · 12	최영 · 38	권율 · 66	김병연 · 92
을지문덕 · 14	최무선 · 40	논개 · 68	김대건 · 94
선덕 여왕 · 16	문익점 · 42	이순신 · 70	안중근 · 96
계백 · 18	정몽주 · 44	허준 · 72	유관순 · 98
김유신 · 20	이성계 · 46	한석봉 · 74	김좌진 · 100
원효 · 22	세종 대왕 · 48	허난설헌 · 76	윤봉길 · 102
대조영 · 24	이종무 · 50	허균 · 78	김구 · 104
장보고 · 26	장영실 · 52	안용복 · 80	
궁예 · 28	신사임당 · 56	박문수 · 82	

- 나만의 위인 그림 완성하기 · 54
- 재미있는 알쏭달쏭 퀴즈 · 106
- 하나! 둘! 셋! 점잇기 놀이 · 108
- 정답 · 110

똑똑 지식UP 활동북 한국을 빛낸 위인

1판 1쇄 인쇄 | 2022년 2월 7일 **1판 1쇄 발행** | 2022년 2월 22일 **그림** | 최진규, 정주연 **캐릭터 디자인** | 권혁준
발행인 | 조인원 **편집장** | 최영미 **편집** | 한나래 **출판마케팅** | 홍성현, 경주현 **제작** | 이수행, 오길섭
발행처 | 서울문화사 **등록일** | 1988년 2월 16일 **등록번호** | 제2-484 **주소** | 서울시 용산구 새창로 221-19
전화 | 편집 (02)799-9148, 판매 (02)791-0754 **팩스** | 편집 (02)799-9144, 판매 (02)790-5922
디자인 | 윤보현 **출력** | 덕일인쇄사 **인쇄처** | 에스엠그린 **ISBN** | 979-11-6438-521-8

우리 역사의 첫 번째 나라를 세운 왕
단군

1 고조선

?~?, 우리 민족의 *시조, 환웅과 웅녀

우리나라 역사의 **첫 번째 나라**는 **고조선**이에요. 고조선의 **첫 임금**은 우리 민족의 시조인 **단군(단군왕검)**이지요. 신화에 따르면, 단군은 환인(하늘의 신)의 아들 환웅과 사람이 된 곰, 웅녀 사이에서 태어났어요. 단군은 하늘에 제사를 지내는 제사장을, 왕검은 나라를 다스리는 지배자를 뜻해요.

✱ 찾아라! 숨은 그림 : 양말, 컵, 시계 ✱

* 시조 : 한 겨레나 가계의 맨 처음이 되는 조상.

단군 색칠하기

월 일 오늘의 나는?

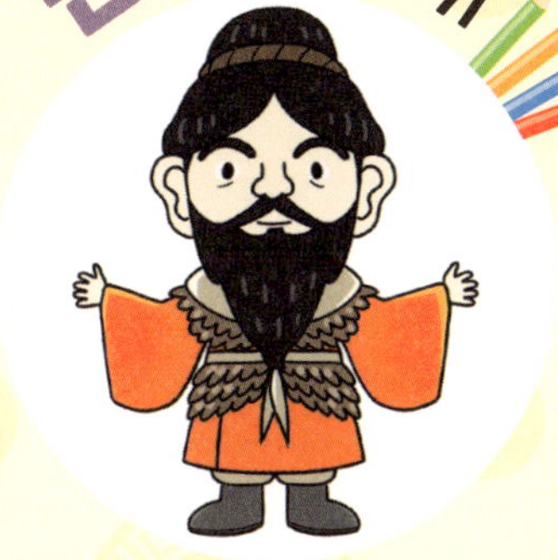

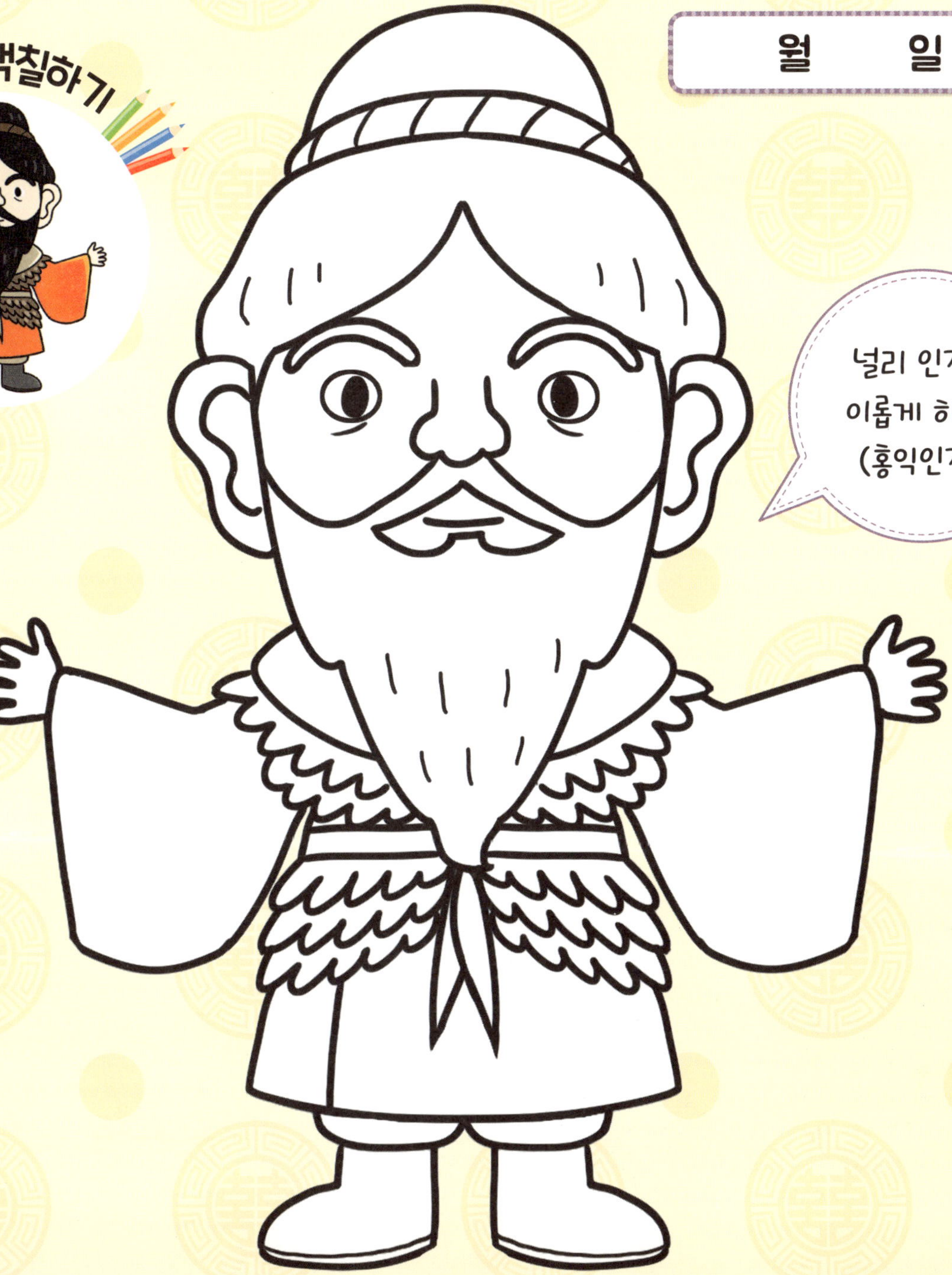

널리 인간을
이롭게 하라!
(홍익인간)

따라쓰기

고구려를 세운 왕
주몽

기원전 58~기원전 19, 활을 잘 쏘는 아이

고구려를 세운 동명왕의 이름은 주몽이에요. 알에서 태어났다고 전해지는 주몽은 어릴 적 부여에서 자랐어요. 주몽은 부여를 떠나 부인인 소서노와 함께 고구려를 세웠지요. 우리 역사 이야기 중에서 '알에서 태어난 인물 이야기'가 전해지는 것은 그 인물이 보통 사람과는 다른 아주 특별한 인물이라는 것을 나타낸답니다.

✦ 찾아라! 다른 그림 3개 ✦

주몽 색칠하기

월 일 오늘의 나는?

남쪽으로 내려가 나라를 세워 우리의 뜻을 펼쳐 보자.

따라쓰기

주몽   고구려

광개토 대왕

만주 벌판까지 영토를 넓힌 왕

374~412, 고구려 제19대 왕

광개토 대왕의 이름은 **담덕**이에요. 어릴 때부터 매우 용감했지요. 왕이 되어서는 사냥 대회나 무술 대회 등을 하며 군사 훈련에 힘썼어요. 한반도 **북쪽**으로 영토를 넓혀서 중국과 맞서고, 남쪽으로는 **한강 북쪽**까지 땅을 넓혔지요. 신라를 도와 쳐들어온 왜구(일본 해적)도 무찔렀어요.

❋ 글자를 순서대로 지나치며 미로를 탈출해 보세요. ❋

월 일

고구려는 중국과 대등한 관계다.

광개토 대왕 색칠하기

따라쓰기

광개토대왕   한강

신라 최대의 정복왕
진흥왕

4 신라

진흥왕 순수비

534~576, 화랑도를 키움

진흥왕은 청소년 수련 단체인 **화랑도**를 강한 군사로 키웠어요. 고구려와 백제로부터 **한강 유역**을 차지했고, 대가야를 공격해서 가야 전체를 신라 땅으로 만들었지요. 그리고 그곳이 신라 땅임을 확인하는 **순수비**도 세웠어요.

✤ **찾아라! 숨은 그림 : 다람쥐, 책, 부채** ✤

월   일

여기까지가 신라 땅이다!

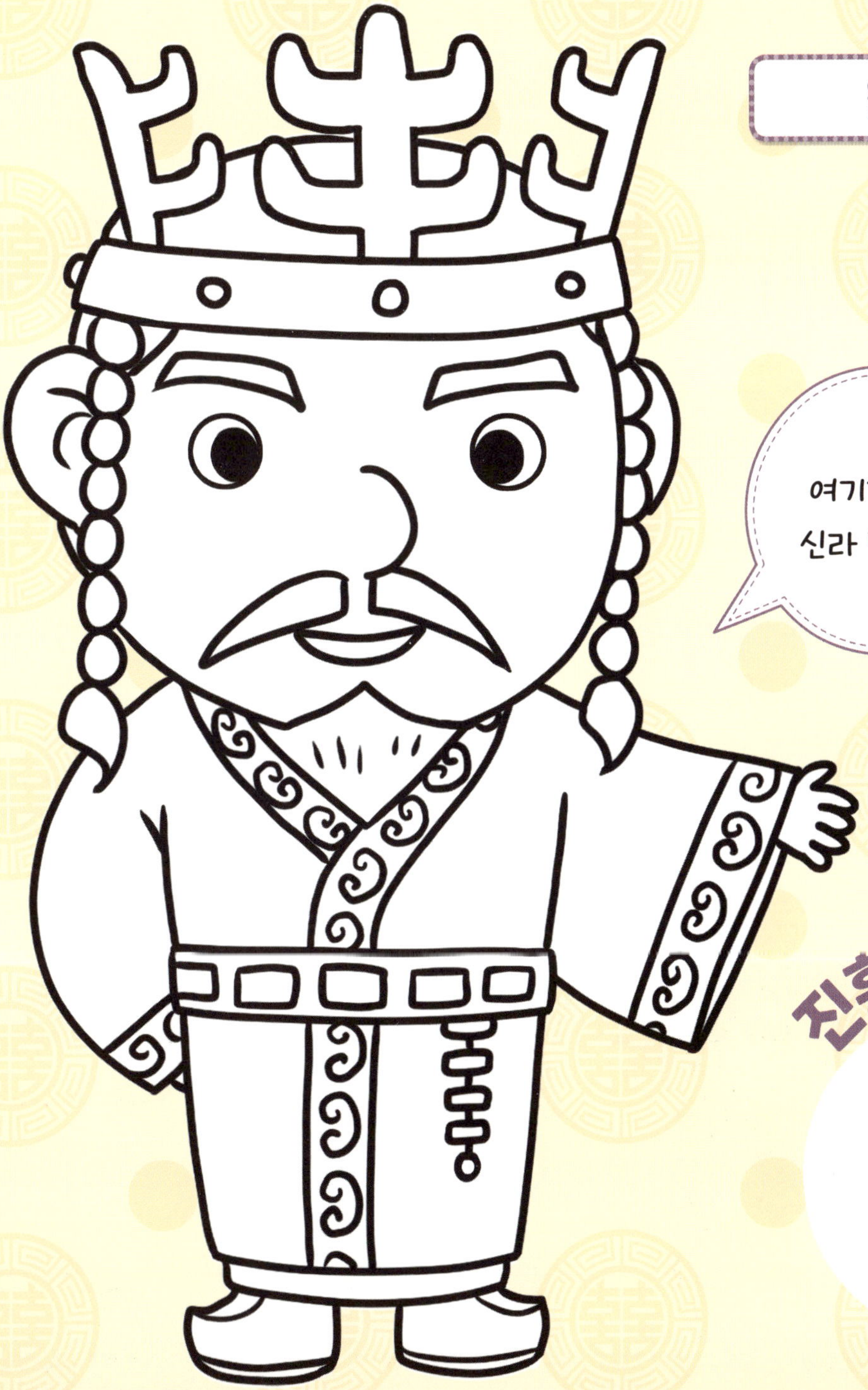

진흥왕 색칠하기

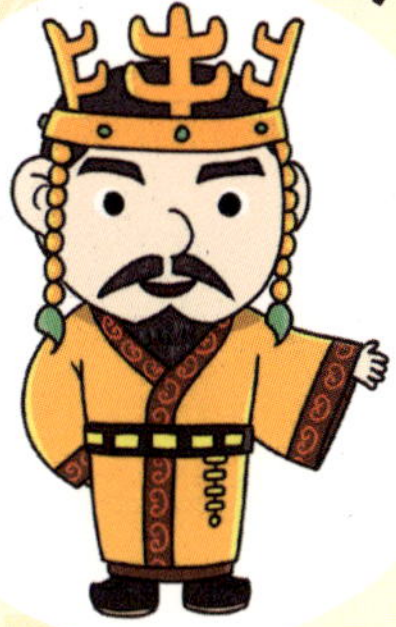

따라쓰기

바보로 불린 고구려의 장군
온달

?~590, 평강 공주의 남편

몹시 가난하여 마을 사람들에게 밥을 얻어먹으러 다니던 온달을 사람들은 **바보 온달**이라고 불렀어요. 온달은 평민의 신분으로 공주를 아내로 맞이하여 **임금의 사위**가 되었어요. 그리고 용감한 장군으로도 활약했지요. **평강 공주**가 바보 온달을 찾아가서 글을 가르치고 무술을 훈련하게 했다는 이야기가 전해진답니다.

✦ 찾아라! 다른 그림 3개 ✦

온달 장군 ♥ 평강 공주

월 일

오늘의 나는?

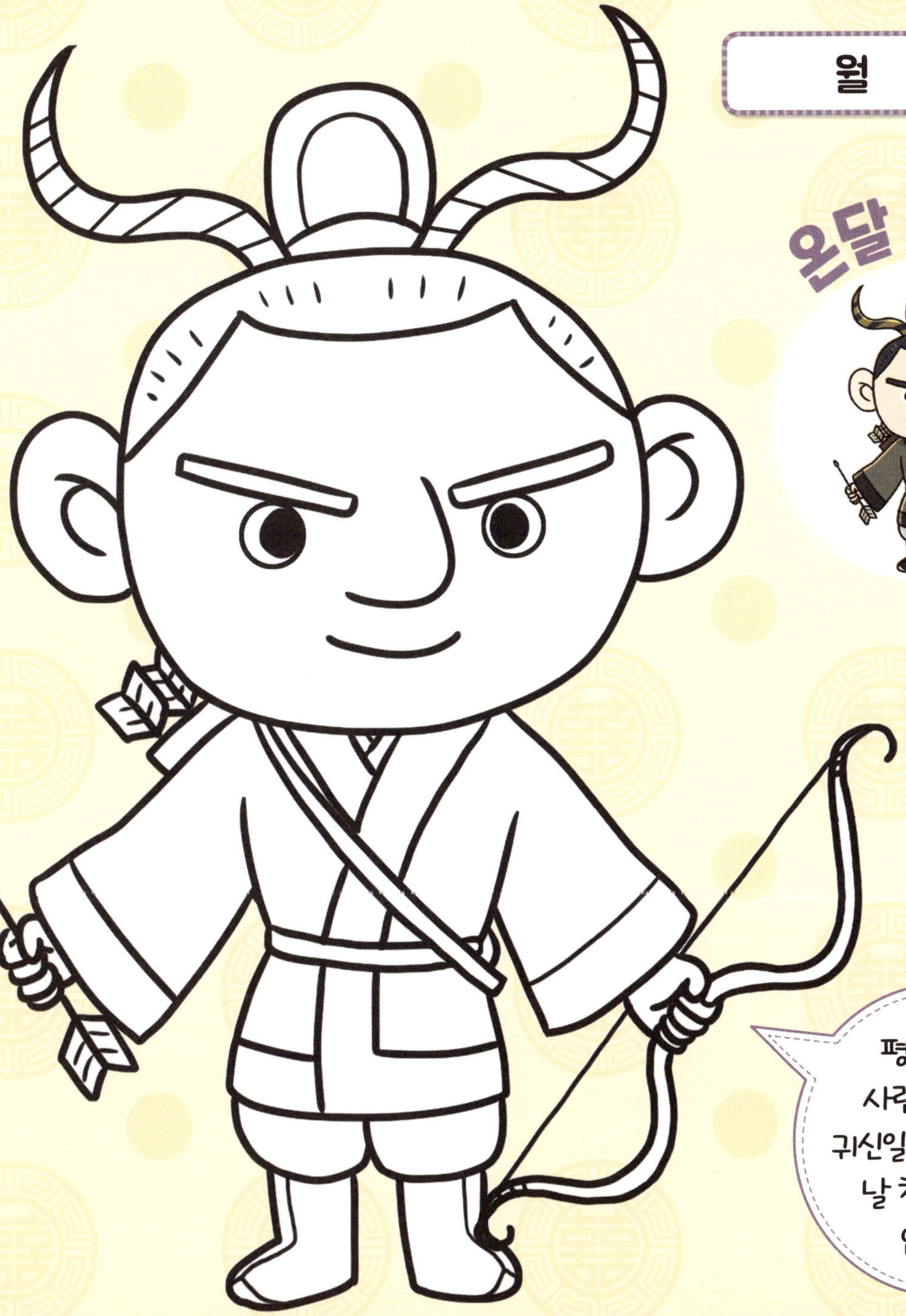

온달 색칠하기

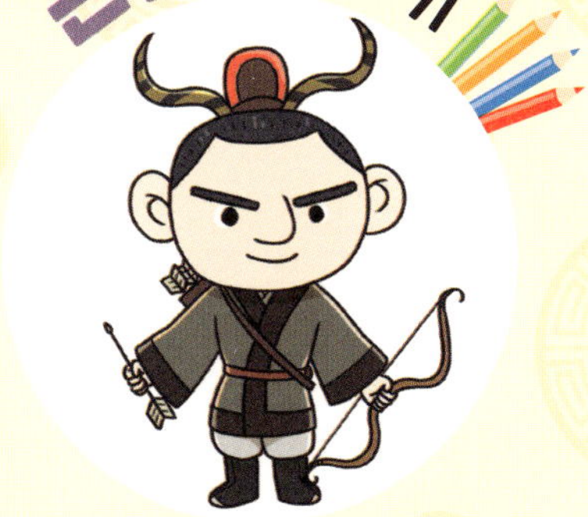

평강 공주는
사람이 아니라
귀신일 거야. 공주가
날 찾아올 리는
없잖아.

따라쓰기

온달 평강공주

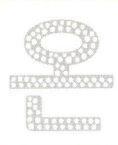

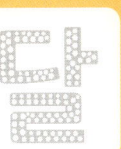

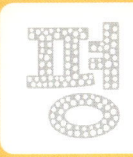

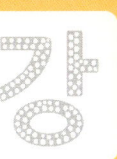

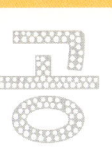

살수 대첩의 장군
을지문덕

6 고구려

?~?, 용감한 장군, 거짓 항복으로 승리를 거둠

612년 중국 수나라가 고구려에 쳐들어왔어요. 수나라 군사들이 점점 지쳐갈 때쯤 **고구려**의 **을지문덕** 장군은 수나라 장군 우중문에게 '그대가 전쟁에서 이긴 공이 높으니 이제 그만 돌아가는 것이 어떠하오?'라고 거짓 항복을 해요. **속임수**였지요. 그리고 중국으로 돌아가는 수나라 군사를 **살수**에서 무찔러서 큰 승리를 거두었답니다.

❖ 숲속 귀신들을 피해 미로를 탈출해 보세요. ❖

출발 ↓
↓ 도착

을지문덕 색칠하기

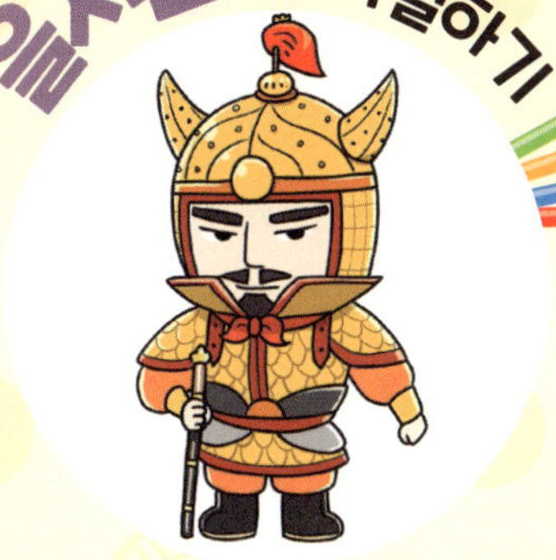

월 일 오늘의 나는?

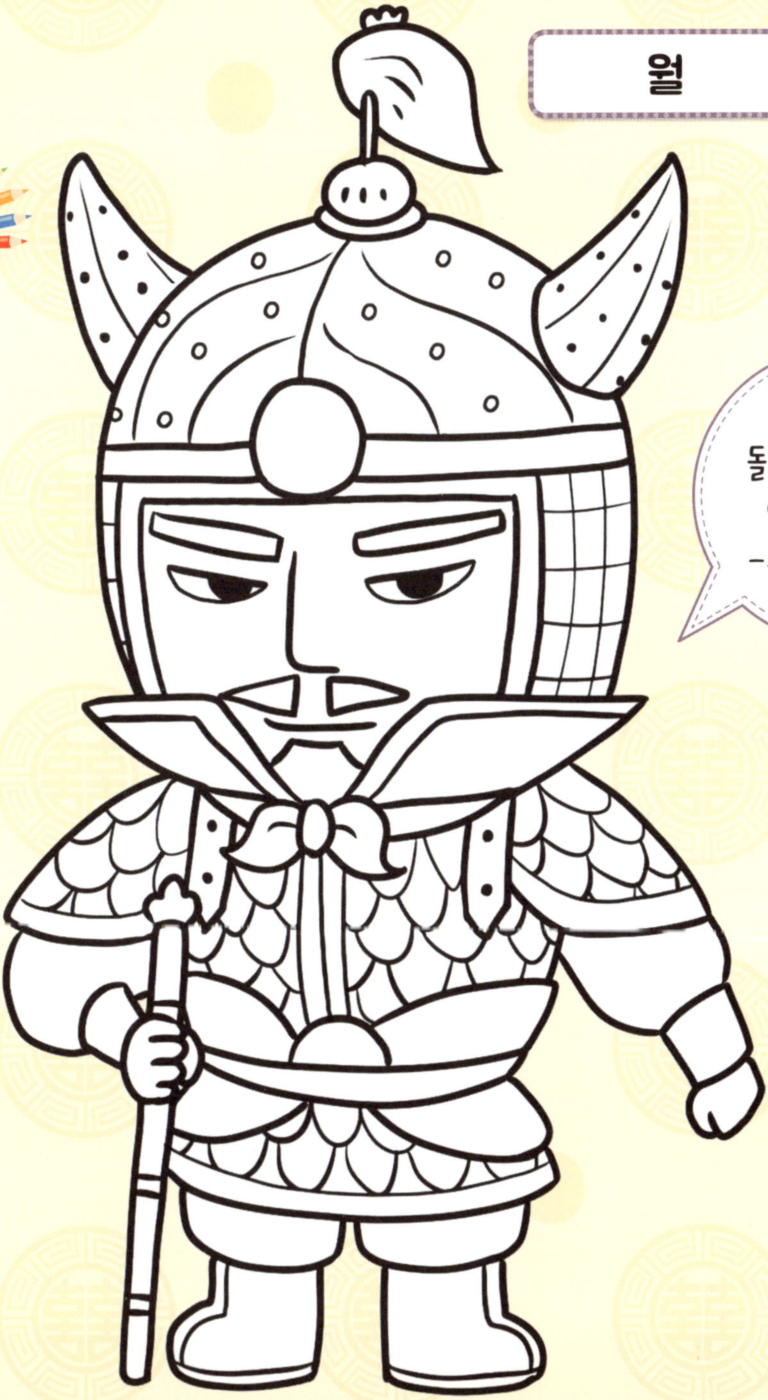

이제 그만 돌아가는 것이 어떠하오?
―우중문에게 보낸 시 중에서

따라쓰기

우리나라 최초의 여왕
선덕 여왕

7 신라

?~647, 신라 제27대 왕, 첨성대

첨성대

선덕 여왕은 우리나라 **최초의 여왕**이에요. 당나라에서 보내온 '나비가 없는 모란꽃 그림'을 보고 함께 보낸 씨앗에서 핀 꽃은 향기가 없을 것을 추리할 정도로 지혜로웠어요. 하늘의 변화를 알아보려고 **첨성대**를 세웠고, 신라가 천하의 중심이 되고자 하는 뜻에서 **황룡사 9층 목탑**을 세웠어요.

✤ 꼬불꼬불 첨성대 미로를 탈출해 보세요. ✤

출발 → / → 도착

월   일

이 씨앗에서 핀 꽃은 향기가 없을 것이다.

선덕여왕 색칠하기

따라쓰기

선덕여왕

첨성대

신라에 맞서 싸운 백제 장군
계백

?~660, 충성스러운 장군

660년 **황산벌**에서 **백제**와 **신라**의 **전투**가 벌어졌어요. **계백**은 백제가 패할 것으로 예상해 "내 가족이 적군의 노예가 되느니 내 손에 죽는 것이 낫다."라며 가족을 죽이고 전쟁터에 나갔지요. 죽기를 결심하고 싸운 계백의 **5천 백제군**은 김유신의 5만 신라군과 싸워 **4번의 싸움**에서 **승리**했어요. 하지만 신라군의 매서운 공격에 백제는 결국 망하고 만답니다.

✦ 찾아라! 다른 그림 3개 ✦

다른 그림 찾은 사람~?

월 일

오늘의 나는?

계백 색칠하기

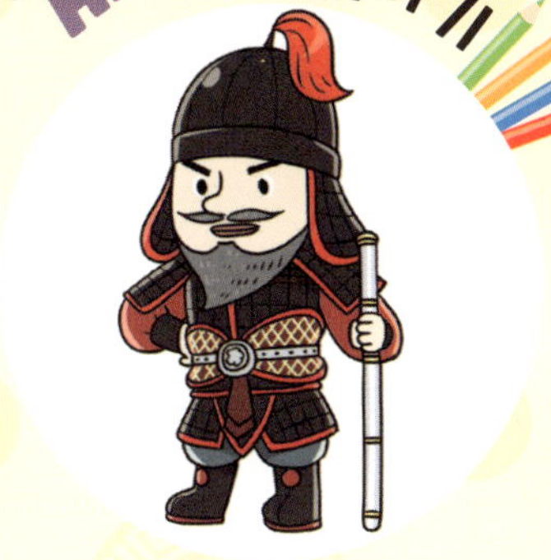

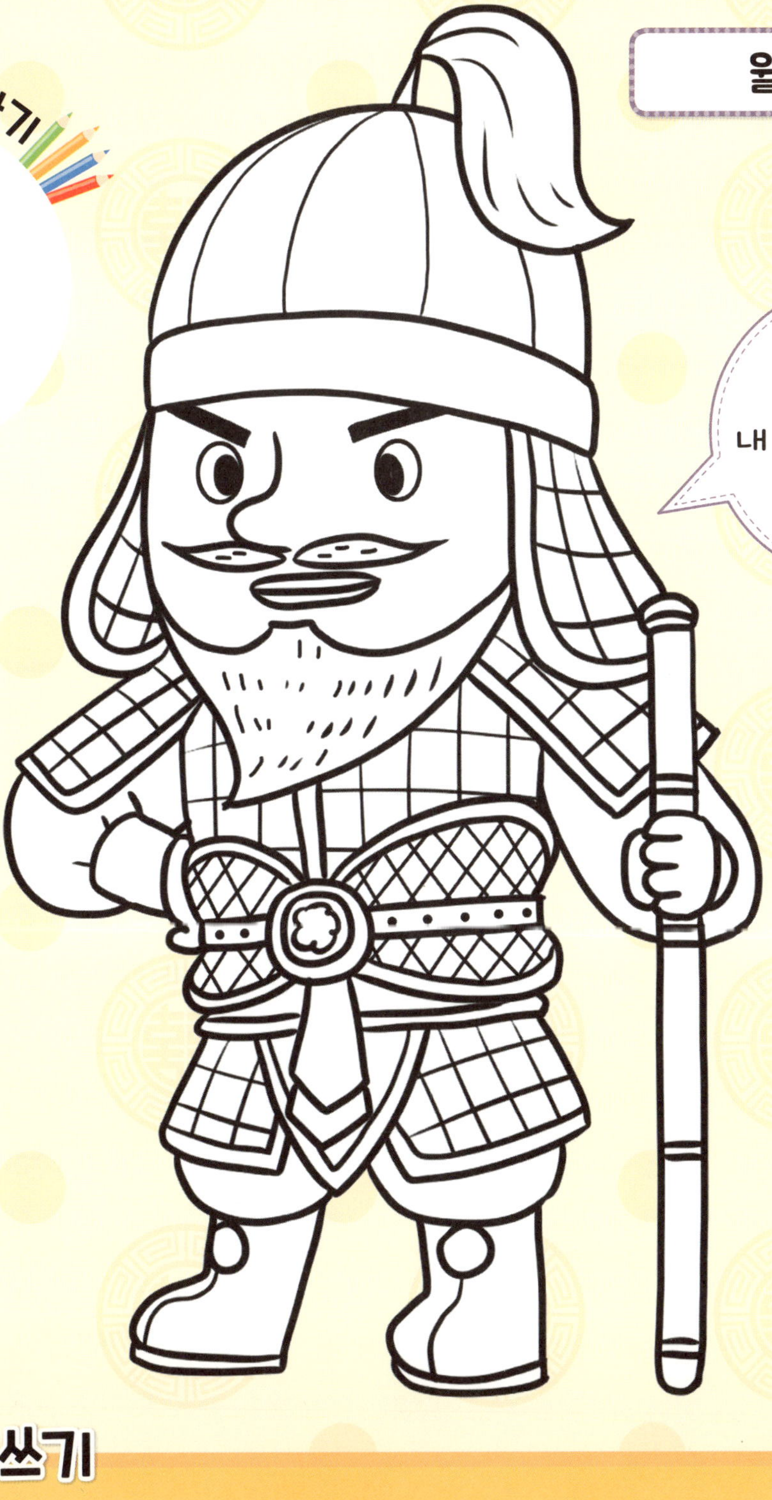
내 가족은
내 손에 죽는 것이
낫다.

따라쓰기

계백 황산벌

9 신라
삼국 통일에 큰 공을 세운 장군
김유신

김유신 묘

595~673, 신라 장군

신라의 **김유신** 장군은 학문과 무술을 열심히 익혀서 열다섯 살에 **화랑**이 되었어요. 백제, 고구려와 여러 차례 싸워 큰 공을 세웠지요. 신라의 다섯 왕을 모신 김유신 장군은 신라가 **삼국 통일**을 하는 데도 커다란 역할을 했답니다.

✦ 김유신 장군이 미로를 탈출할 수 있게 도와 주세요. ✦

도착

출발

불교를 널리 알리다!
원효

617~686, 해골 물, 승려

원효는 불교가 발달한 당나라로 **유학**길에 올랐어요. 밤이 되어 캄캄한 동굴에서 하룻밤을 보내게 된 원효는 자신이 시원해하며 마셨던 물이 다음 날 깨어 보니 **해골**에 담긴 **썩은 물**이었던 것을 알게 됐지요. 그때 '이 세상 기쁨과 슬픔은 내가 마음먹기에 달렸다.'는 **깨달음**을 얻고 돌아와 사람들에게 불교를 알리는 데 힘썼어요.

✱ **찾아라! 숨은 그림 : 장미, 삼각자, 하트** ✱

월 일

오늘의 나는?

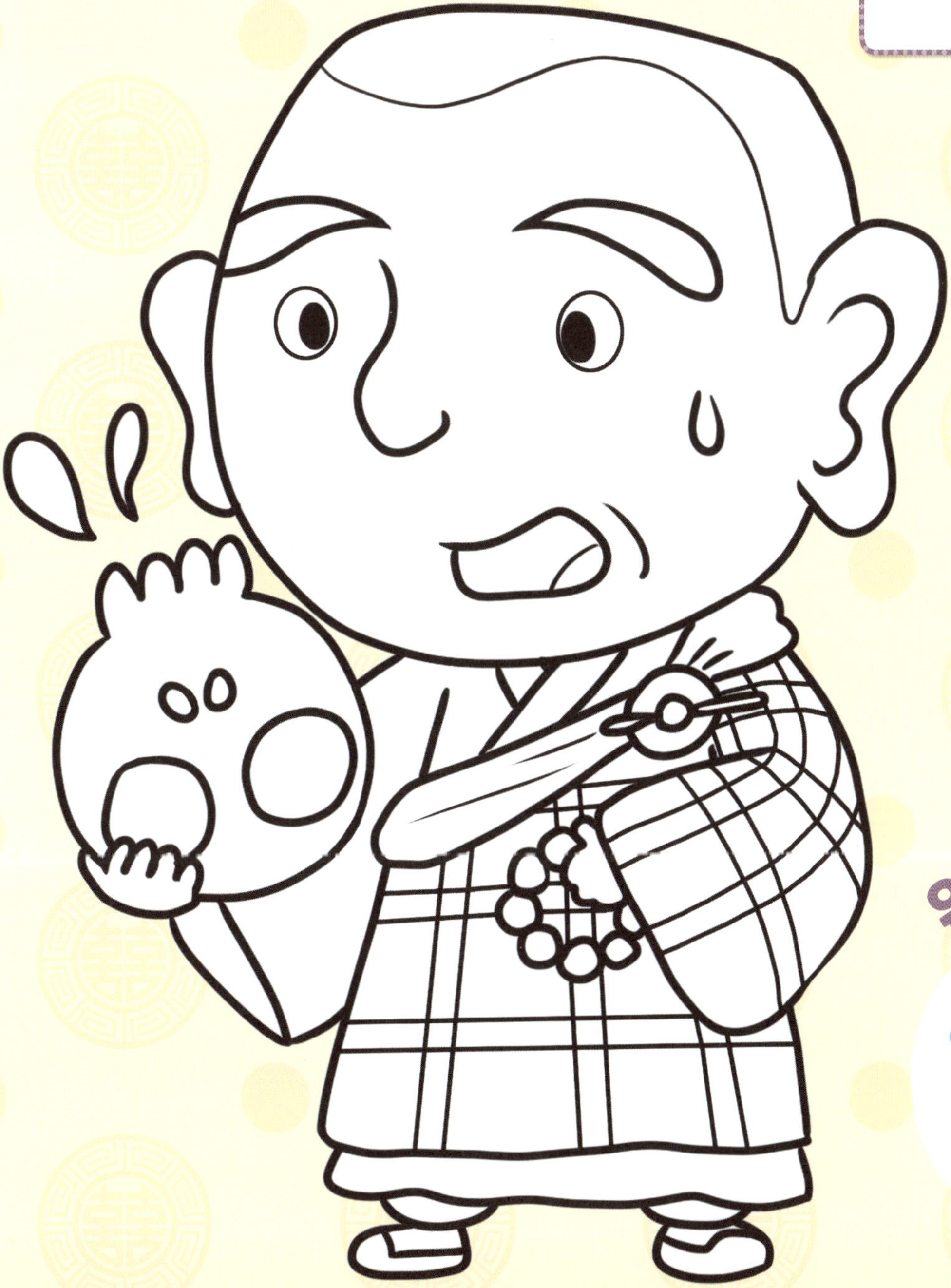

모든 것은
마음먹기에
달렸다.

원효 색칠하기

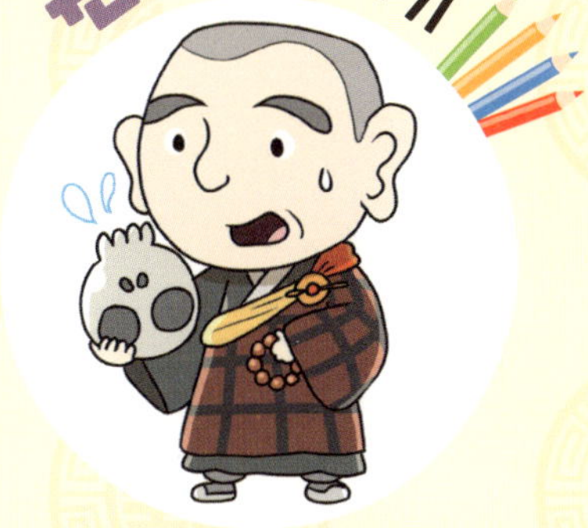

따라쓰기

원효 해골물

발해를 세운 왕
대조영

11 발해

?~719, 고구려의 후손

대조영은 고구려가 멸망한 후 여러 곳으로 흩어진 **고구려**의 **유민**과 **말갈족**을 이끌고 당나라에 맞섰어요. 당의 군대를 크게 무찌르고 동모산 기슭에 **발해**를 세웠지요. 이후 통일 신라와 함께 *남북국 시대를 열었어요. 여러 가지 기록과 유물에서 발해가 고구려를 이은 나라인 것을 알 수 있답니다.

❖ 바늘에 꿰어진 실패는 어느 것일까요? ❖

* 남북국 시대 : 남쪽의 통일 신라와 북쪽의 발해가 양립하던 시대.

월 일

오늘의 나는?

대조영 색칠하기

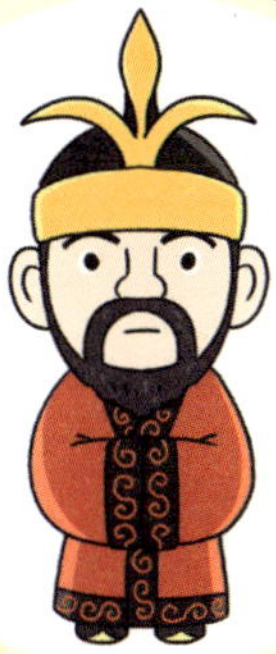

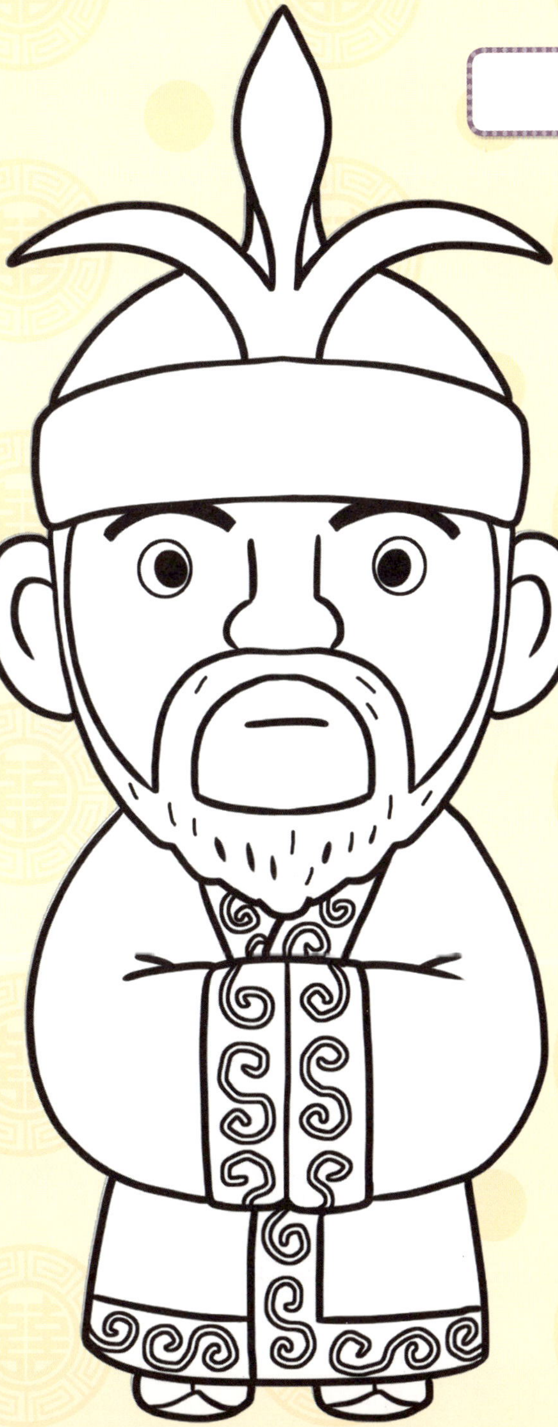

발해는
고구려를 이은
나라다.

따라쓰기

대조영

발해

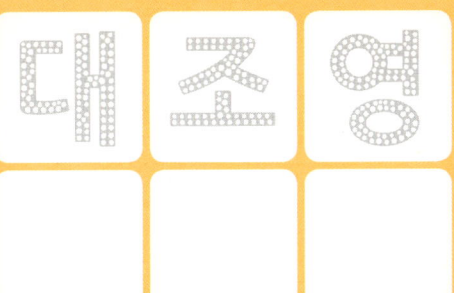

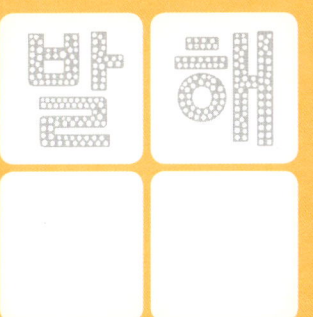

12 통일 신라

바닷길을 연 해상왕
장보고

장보고 동상
(사진:한국관광공사)

?~846, 청해진 설치

장보고는 신라를 떠나 당나라로 가서 힘센 장수가 되었어요. 그 시절 많은 신라인이 당의 해적에게 잡혀 노비로 팔리는 것을 보고 **해적**으로부터 신라인을 지켜야겠다고 다짐했지요. 장보고는 왕의 허락을 받아 **청해진**(군사 시설)을 설치하고, 해상 무역로를 보호했어요.

✸ **찾아라! 숨은 그림** : 사과, 연필, 안경 ✸

13
후고구려

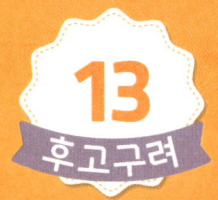

후고구려를 세운 승려
궁예

?~918, 신라 왕의 아들, 승려

궁예는 신라 왕의 아들로 태어났지만, 태어날 때 불길한 징조가 나타나 궁궐에서 쫓겨났대요. 유모의 잘못으로 한쪽 눈을 잃은 궁예는 자라서 승려가 되었어요. 공평한 정치를 펼쳐 평등한 세상을 만들고자 했던 궁예는 고구려의 뜻을 이어 후고구려를 세웠답니다.

궁예가 사다리와 계단을 이용해 탈출할 수 있도록 도와주세요.

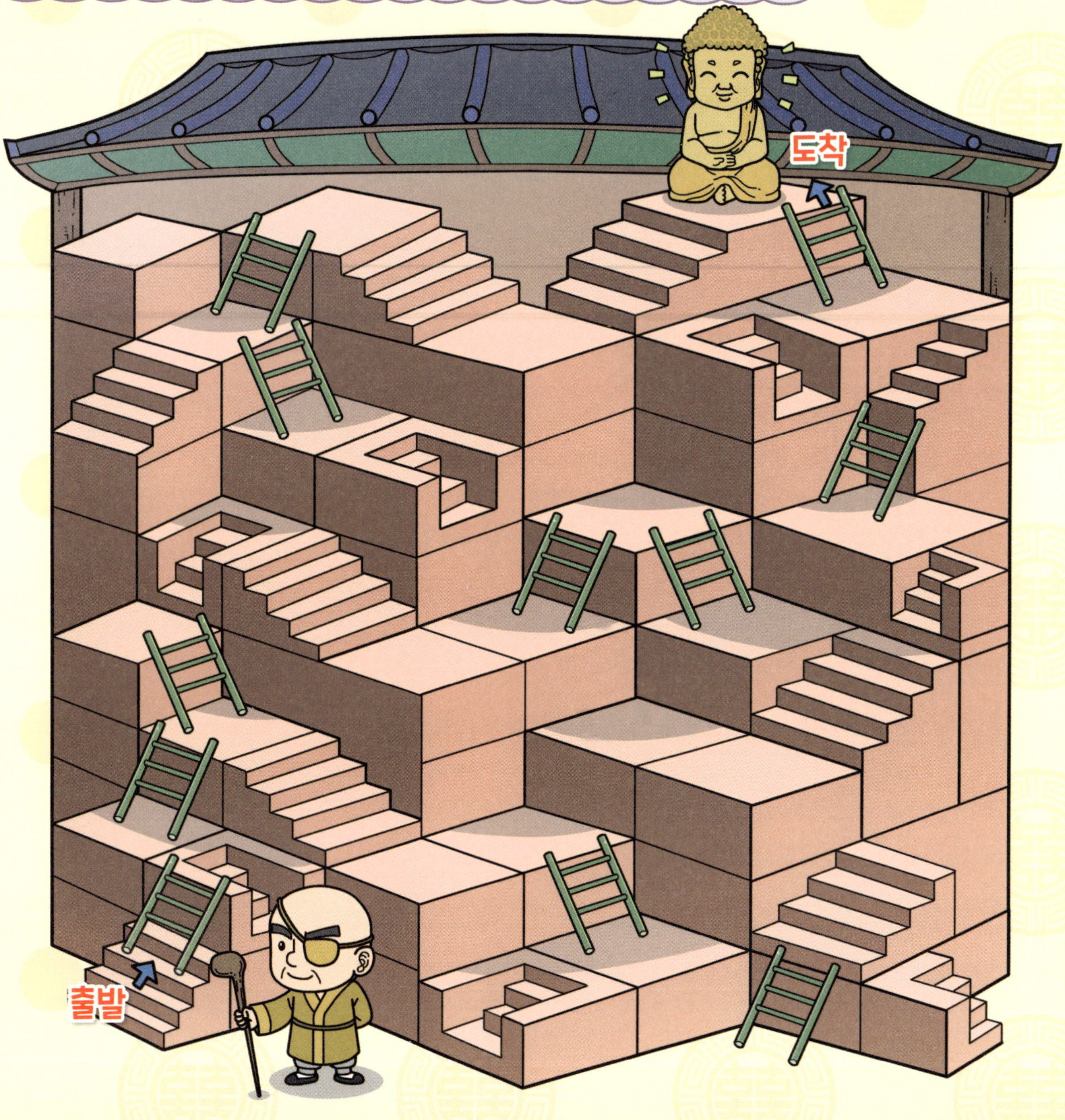

궁예 색칠하기

월 일 오늘의 나는?

나는 다른 사람의 마음을 읽어 내는 '관심법'으로 모두 다 알 수 있다.

따라쓰기

궁예   후고구려

14
후백제

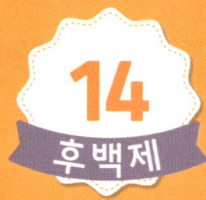

후백제를 세운 왕
견훤

867~936, 신라의 군인, *외교 활동

견훤은 어려서부터 체격이 좋고 용감하여 신라의 군인이 되었어요. 신라 진성 여왕 때 관리들의 부패가 심해지고 굶주리는 백성들이 많아지자, 백성들이 잘 살 수 있도록 후백제를 세웠지요. 후백제를 세운 후 외교에 관심을 보이며 중국, 일본과 교류했답니다.

찾아라! 숨은 그림 : 자동차, 아이스크림, 컵

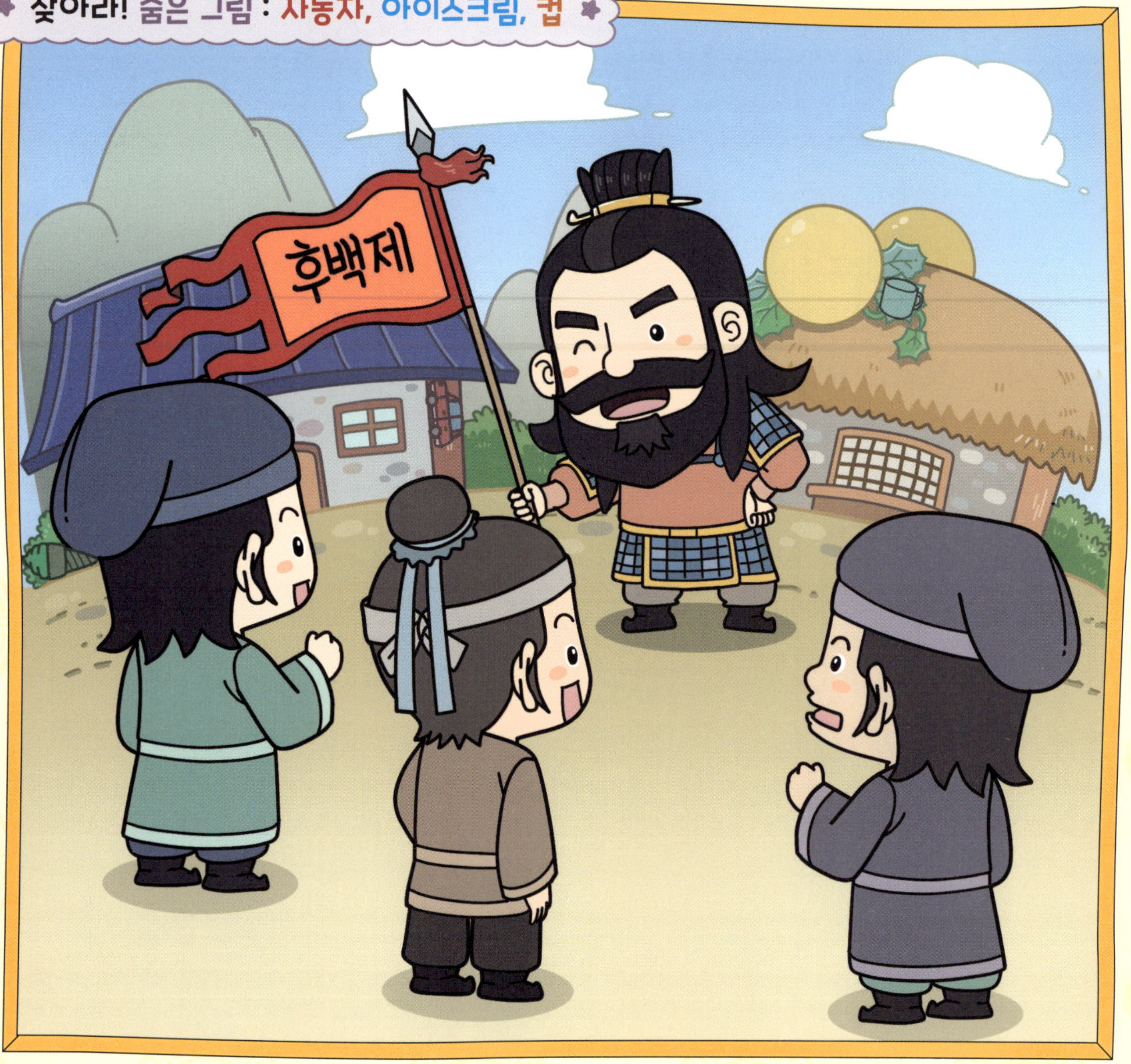

* 외교 : 다른 나라와 정치적, 경제적, 문화적 관계를 맺는 일.

견훤 색칠하기

월 일 오늘의 나는?

나는 농민 출신이라 누구보다 백성의 어려운 삶을 잘 안다.

따라쓰기

견훤 후백제

고려를 세운 왕
왕건

877~943, 후삼국 통일

왕건은 **궁예**가 후고구려를 세우는 데 공을 세운 **장군**이었어요. 하지만 궁예가 포악해지자, 궁예를 몰아내고 **고려**를 세웠지요. **후삼국**(신라, 후백제, 후고구려)을 통일한 왕건은 후삼국 사람들을 모두 받아들였어요. 그리고 *호족의 딸들과 혼인하여 호족과 좋은 관계를 유지하며 나라를 안정시켰답니다.

✿ 몇 번을 선택해야 반짝반짝 분홍 보석을 찾을 수 있을까요? ✿

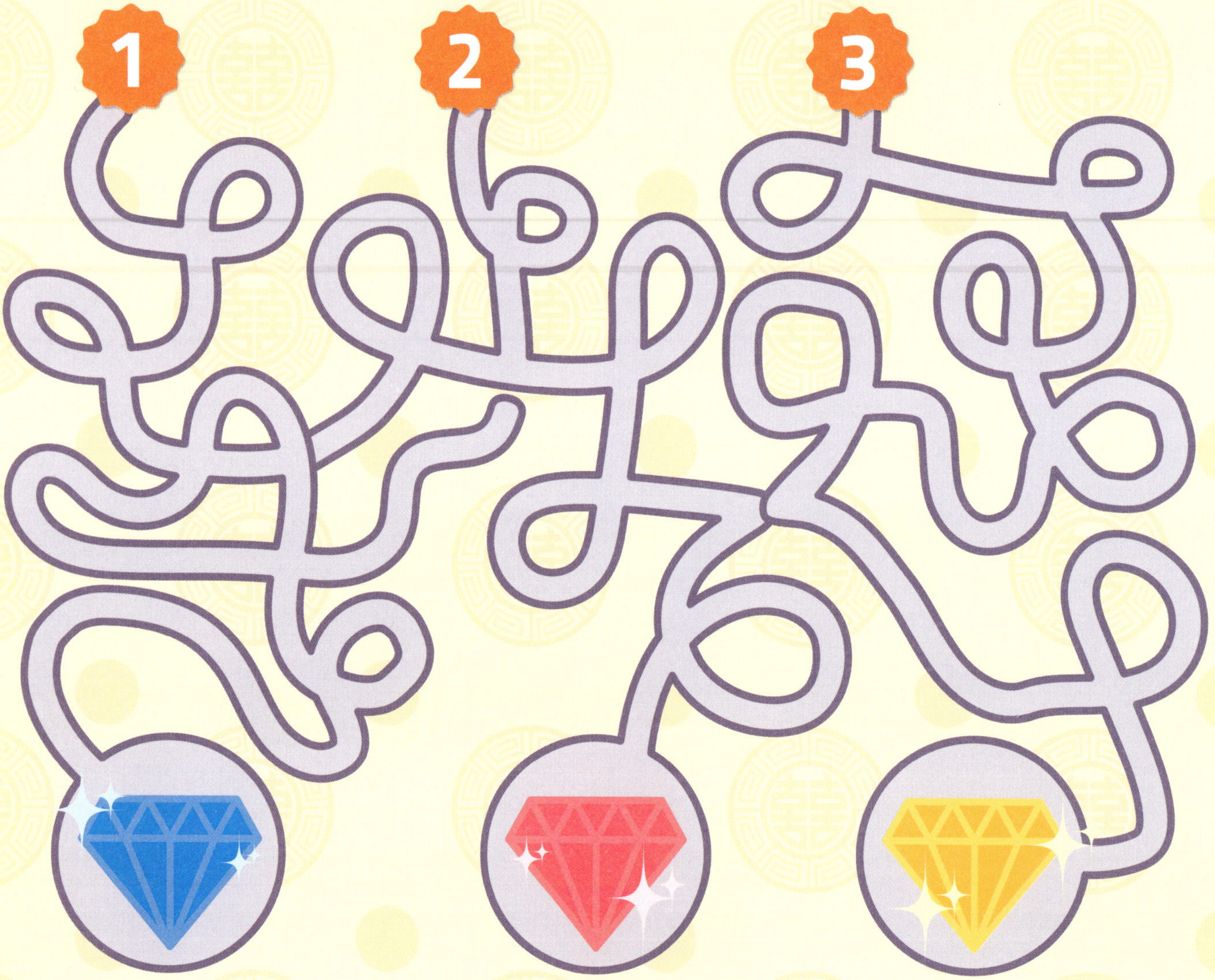

* 호족 : 통일 신라 말에서 고려 초의 지방 정치 세력.

월 일

오늘의 나는?

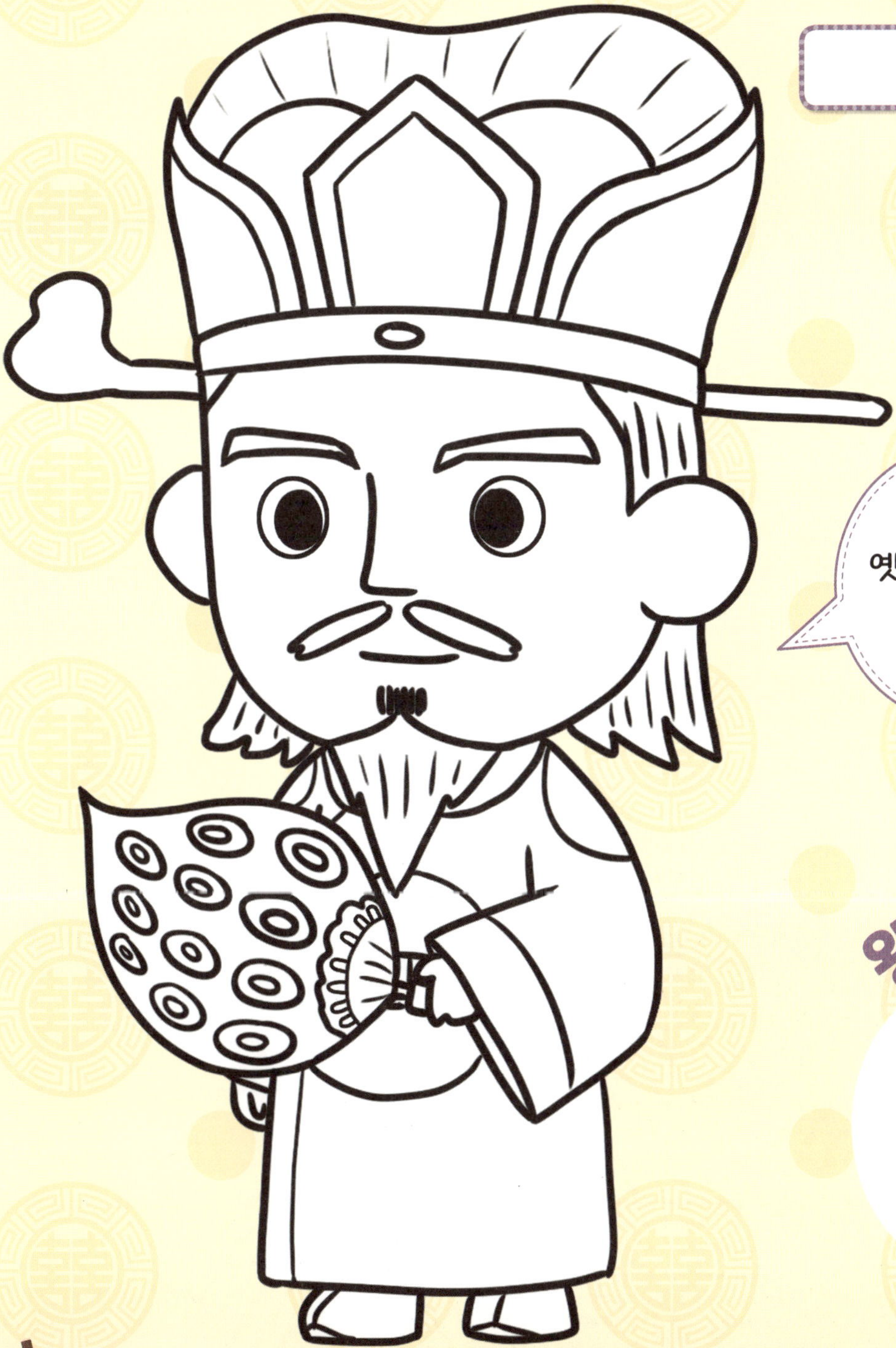

왕은 항상
옛일을 반성하고
오늘에
참고하라.

왕건 색칠하기

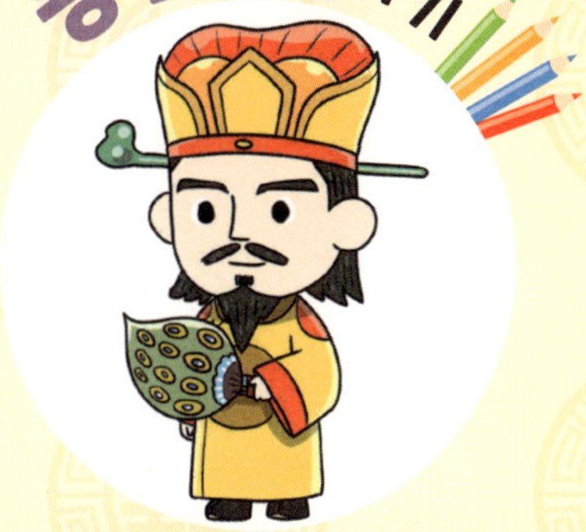

따라쓰기

왕건

후삼국

지혜로운 장군 강감찬

948~1031, 귀주 대첩

큰 별이 떨어진 집에서 태어났다고 알려진 **강감찬**은 **귀주**에서 **거란군**을 물리친 **장군**이에요. 거란군이 지나가는 길에 있는 식량, 가축을 모두 숨기고 곳곳에서 **기습 공격**을 해서 거란군의 힘이 점점 빠지게 했지요. 거란군이 후퇴하려고 할 때 총공격을 해서 마침내 **승리**할 수 있었어요.

✿ 미로를 탈출해 보세요.

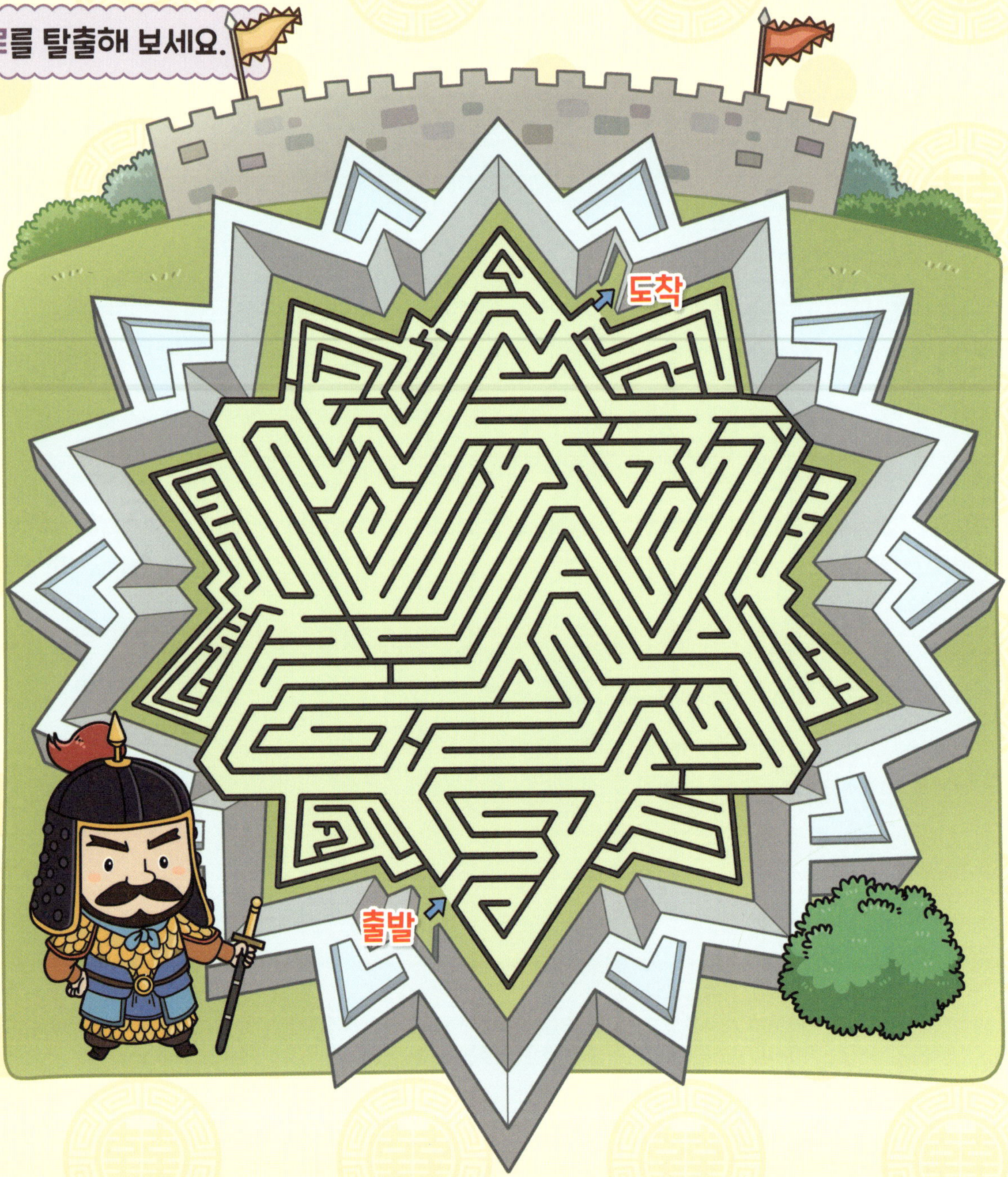

삼국사기를 쓴 학자
김부식

1075~1151, 최고의 *문장가, 훌륭한 학자

김부식은 여러 학자들과 함께 <삼국사기>를 쓴 훌륭한 학자예요. <삼국사기>는 현재까지 전해오는 가장 오래된 우리나라의 역사책이지요. 어려서부터 매우 똑똑했던 김부식은 나라의 중요한 벼슬에도 올랐어요. 그리고 뛰어난 문장가로도 유명해서 많은 학자들의 존경을 받았어요.

★ 찾아라! 숨은 그림 : 가위, 화분, 모래시계

---

* 문장가 : 글을 뛰어나게 잘 짓는 사람. / * 편찬 : 여러 가지 자료를 모아 체계적으로 정리하여 책을 만듦.

월   일

학자들이 우리나라 역사를 잘 모르기 때문에 <삼국사기>를 *편찬한다.

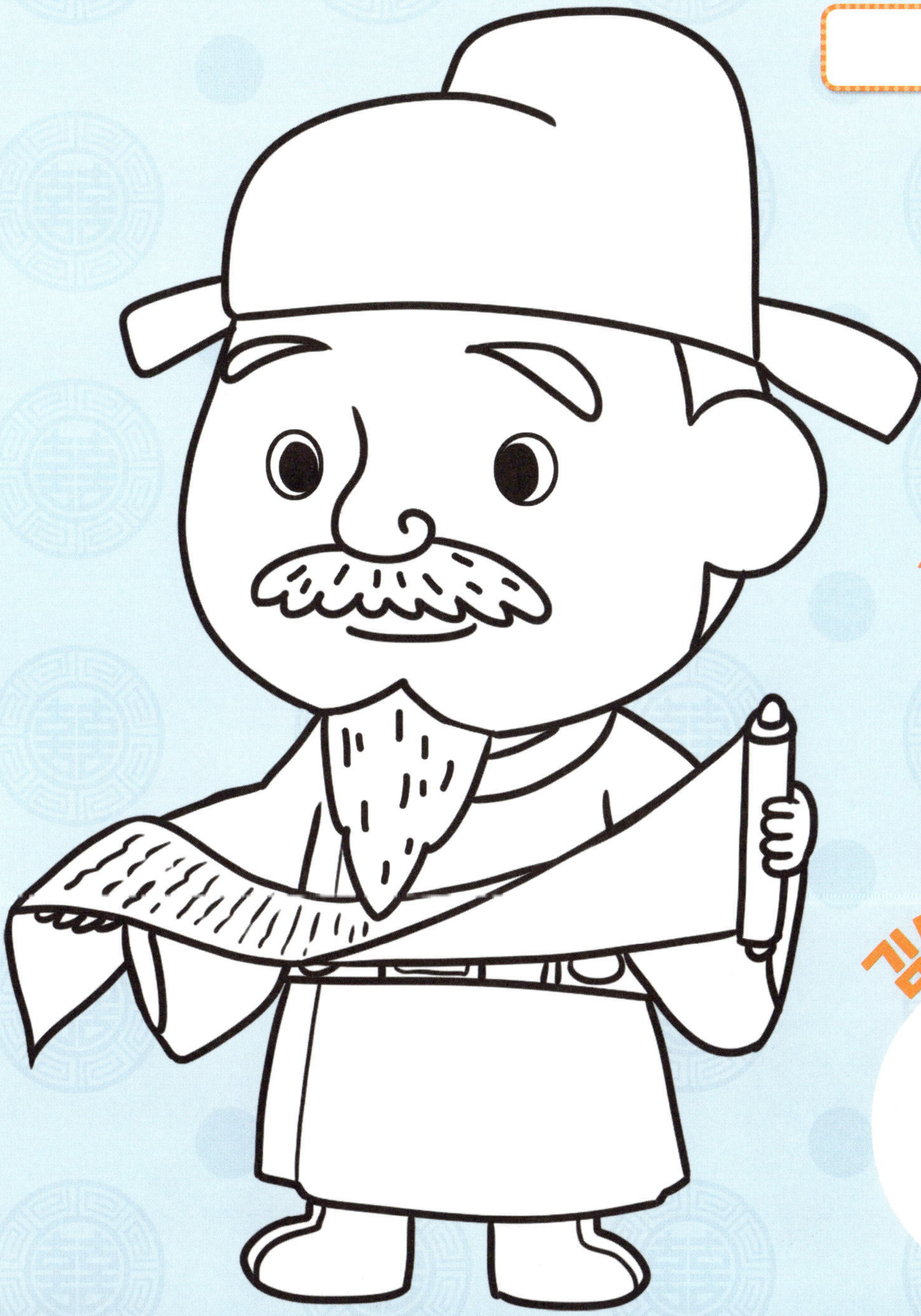

김부식 색칠하기

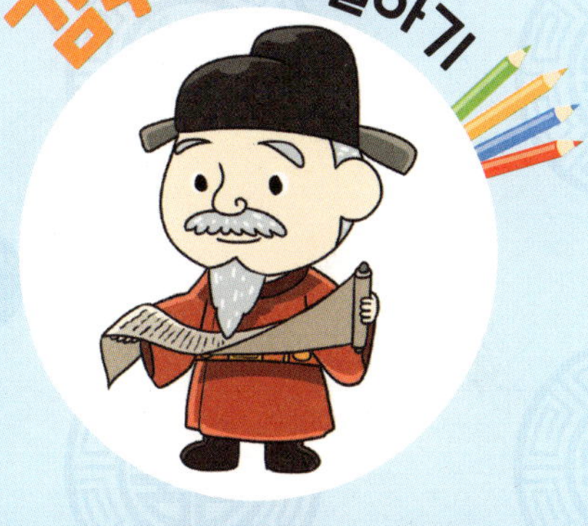

 따라쓰기

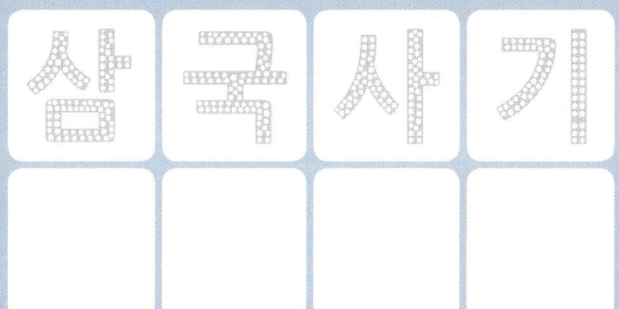

백성이 존경한 장군
최 영

1316~1388, 요동 정벌 계획

최영은 **고려** 말의 **장군**으로, 왜구를 막아내어 나라를 지켰어요. *홍건적을 물리쳐 백성의 삶을 되살린 공도 컸지요. 하지만 무리한 전쟁(요동 정벌)을 계획했다는 이유로 죽임을 당했어요. 그의 죽음에 아이들까지 눈물을 흘렸을 정도로 많은 이들의 **존경**을 받았다고 해요.

찾아라! 다른 그림 3개

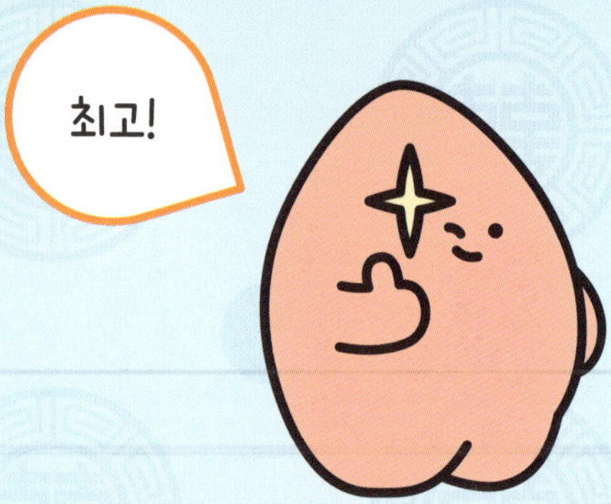

최고!

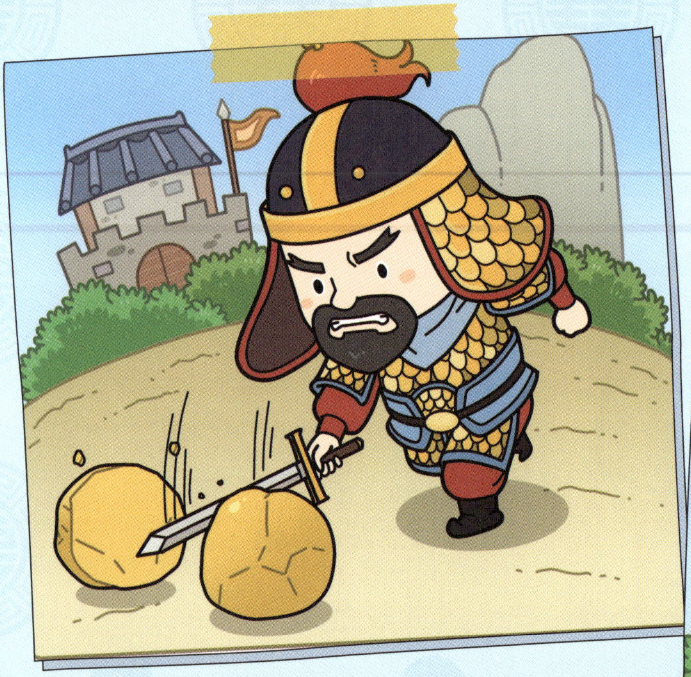

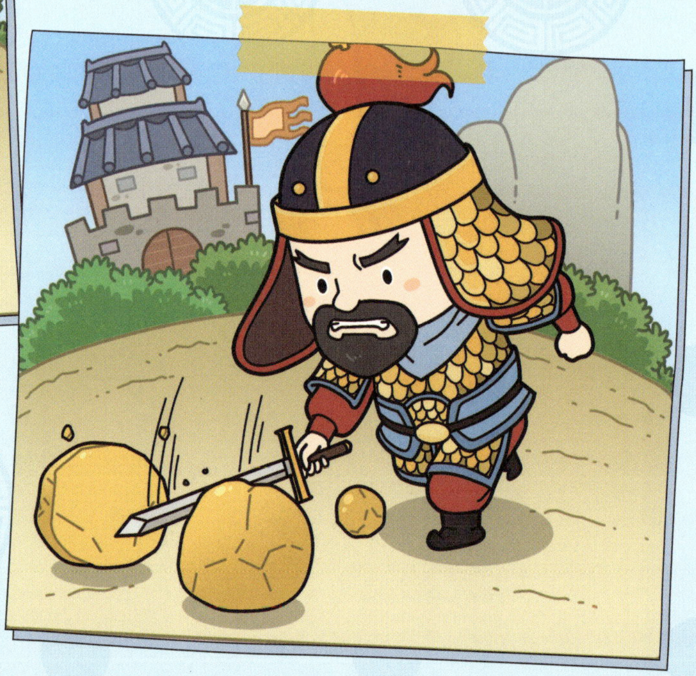

* 홍건적 : 중국 원에 반대하여 일어난 중국 민족.

월 일

최영 색칠하기

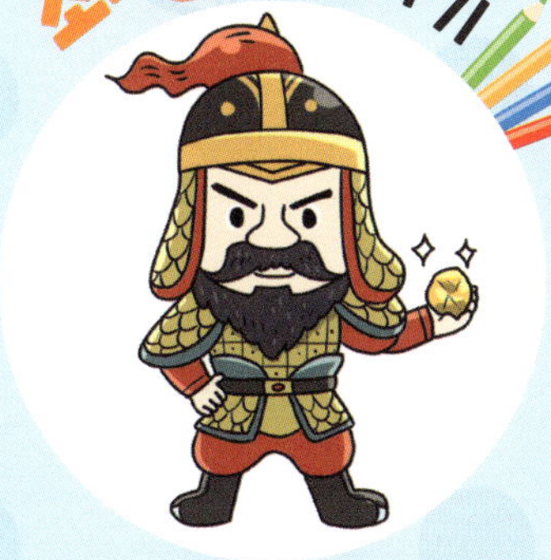

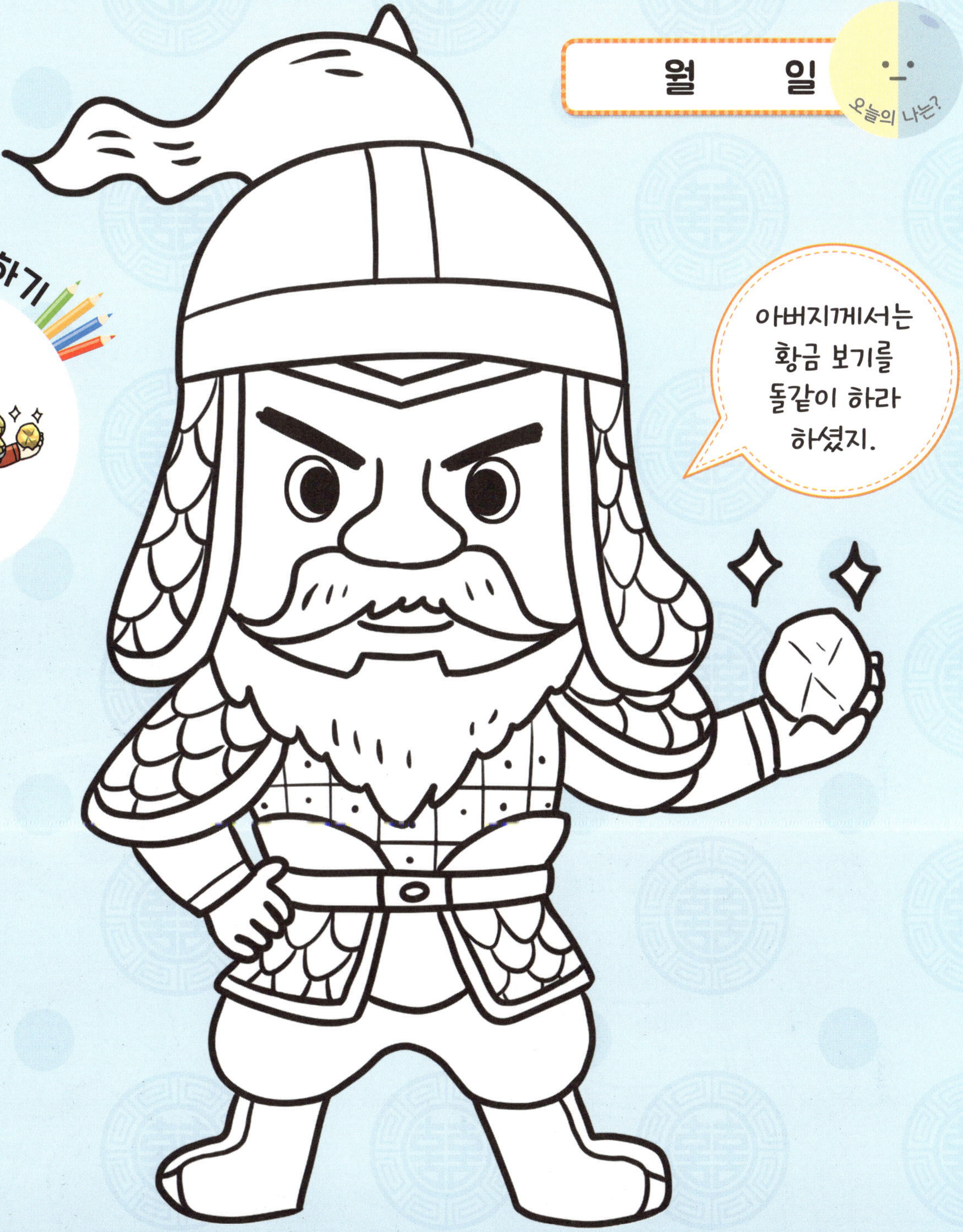

아버지께서는 황금 보기를 돌같이 하라 하셨지.

따라쓰기

최 영 백 성 충 정

화약을 만든 발명가
최무선

19 고려

1325~1395, **발명가**, **화통도감 설치**

최무선은 **고려 말**에 곡식과 문화재를 훔쳐 가는 왜구를 막기 위해서 왜구의 배를 부술 수 있는 **화약**을 만들어야겠다고 생각했어요. 당시 화약을 만들어 팔던 중국이 화약 만드는 방법을 알려 주지 않자, 최무선은 화약 만드는 기관인 **화통도감** 설치를 건의했어요. 그리고 우리나라 최초로 화약을 **발명**하는 데 성공했답니다.

✤ **찾아라!** 숨은 그림 : 축구공, 당근, 손거울 ✤

월 일

오늘의 나는?

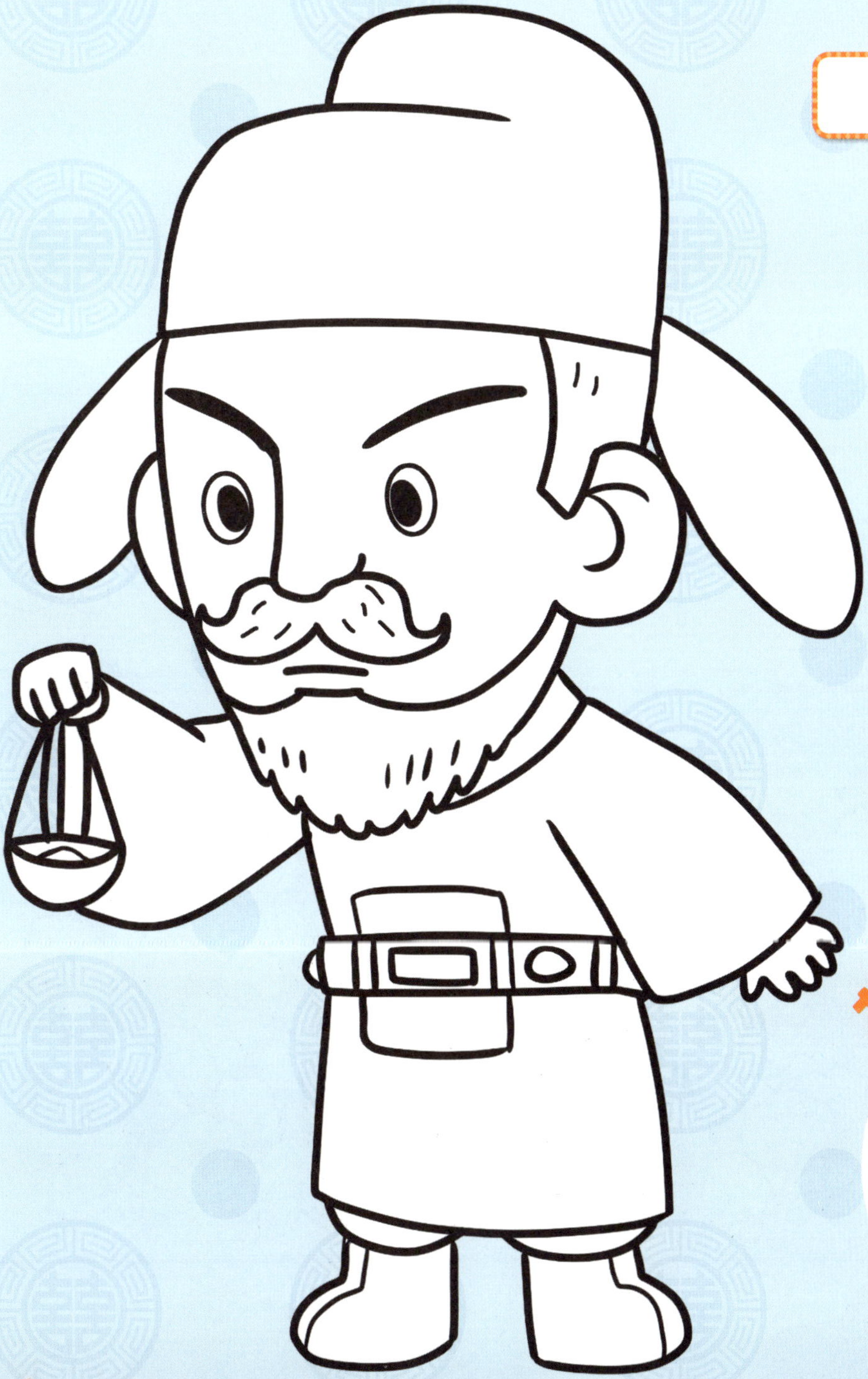
배를
부술 수 있는
강한 무기가
필요해.

최무선 색칠하기

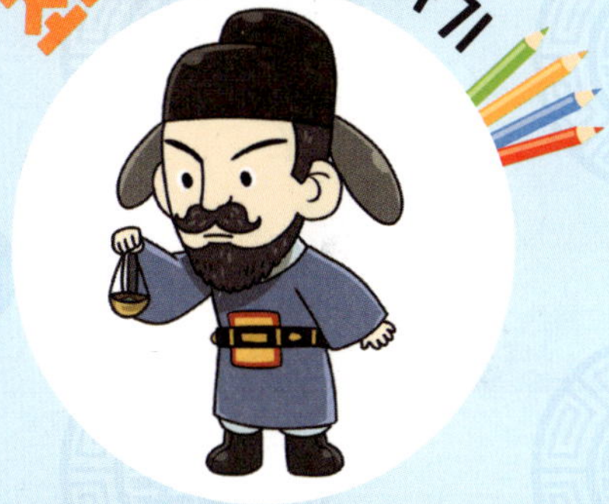

따라쓰기

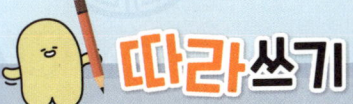

최무선 화통도감

목화씨를 퍼뜨린 학자
문익점

1329~1398, 학자, 목화씨

문익점은 중국에서 **목화씨**를 들여온 **학자**예요. 목화를 재배하기 전에는 백성들이 삼베나 모시로 만든 옷을 입었어요. 삼베옷은 얇아서 겨울에는 추위에 떨어야 했지요. 목화로 실을 짜서 지은 옷은 삼베보다 부드럽고 따뜻했어요. 그리고 **목화솜**으로는 이불도 만들 수 있어서 백성들에게 인기가 많았어요.

✦ 찾아라! 다른 그림 3개 ✦

월   일

오늘의 나는?

문익점 색칠하기

고려로 돌아갈 때 목화씨를 꼭 가져가야겠다.

따라쓰기

문익점   목화씨

고려의 *충신
정몽주

1337~1392, 학자, 정치가

정몽주는 중국과 일본에 *사신으로 건너가 큰 공을 세운 고려의 충신이에요. 정몽주는 일본에 붙잡혀 간 백성들을 구해 오고, 중국 명나라와의 관계도 회복했지요. 흉년이 들었을 때는 곡식을 빌려주는 기관 의창을 다시 설치했어요. 정몽주는 고려를 무너뜨리고 새 나라를 세우는 것을 끝까지 반대했답니다.

✦ 의창에서 출발해 미로를 빠져나가 보세요. ✦

* 충신 : 나라와 임금을 위하여 충성을 다하는 신하. / * 사신 : 임금이나 국가의 명령을 받고 외국에 사절로 가는 신하.

정몽주 색칠하기

> 고려의 왕을 향한 내 마음은 변함이 없다.

월 일 오늘의 나는?

따라쓰기

정몽주   의장

조선을 세운 왕
태조 이성계

1335~1408, 고려의 장군

이성계는 고려와 다른 새로운 나라, **조선**을 세운 조선의 **첫 번째 임금**이에요.
고려가 점점 힘을 잃어가고 혼란스러운 때에 새로운 변화를 주장하는 사람들이 있었어요. 이들을 **신진 사대부**라고 해요. 신진 사대부들의 지지를 받아 이성계가 조선을 세우고 왕위에 올랐답니다.

★ **찾아라! 숨은 그림** : 올챙이, 양파, 토마토 ★

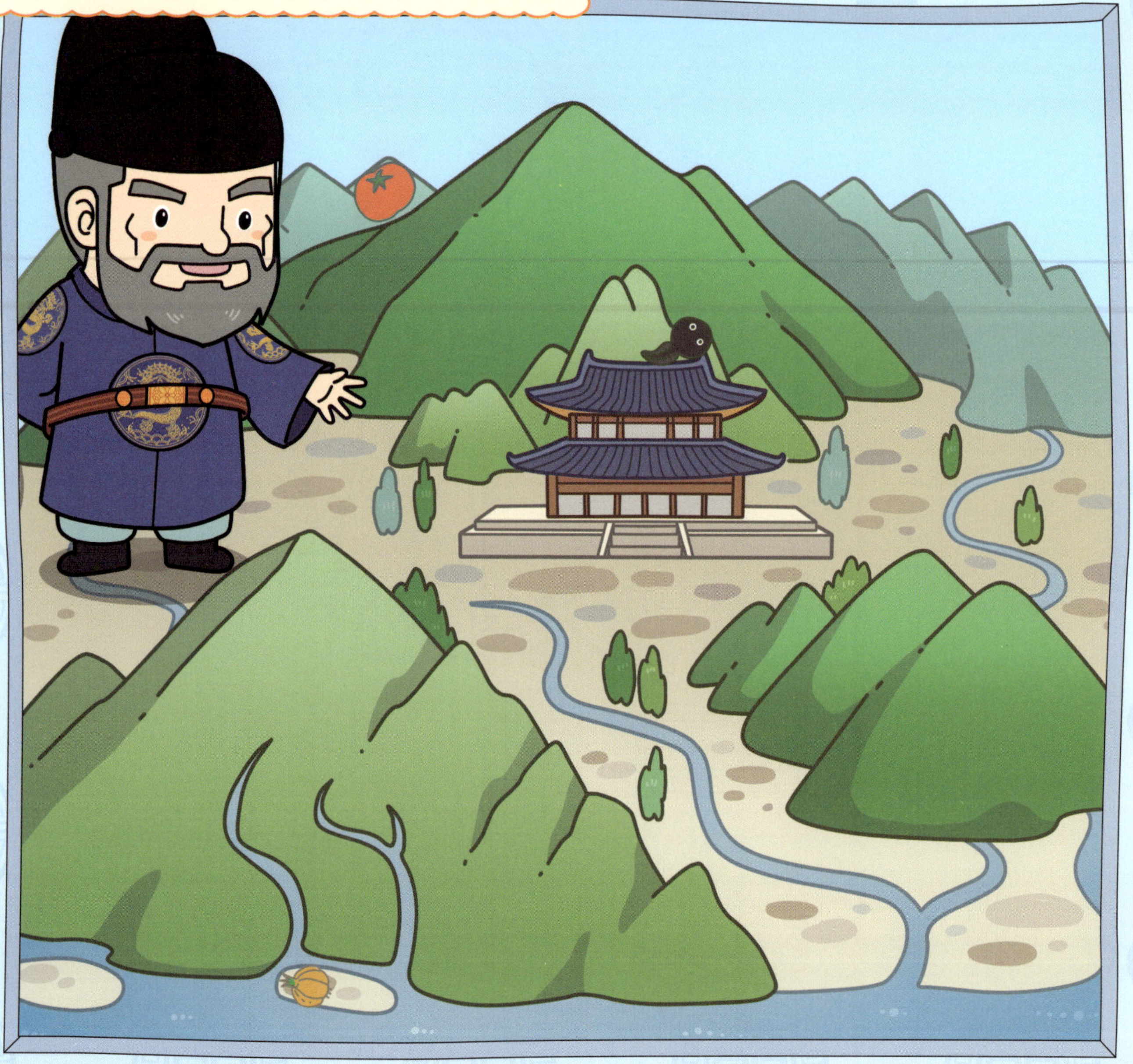

이성계 색칠하기

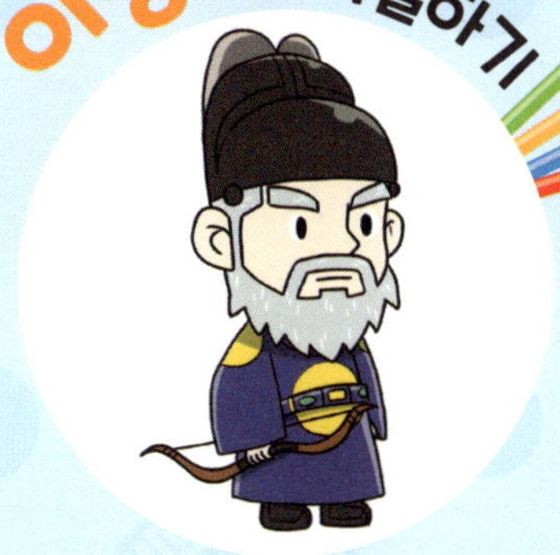

월 일 오늘의 나는?

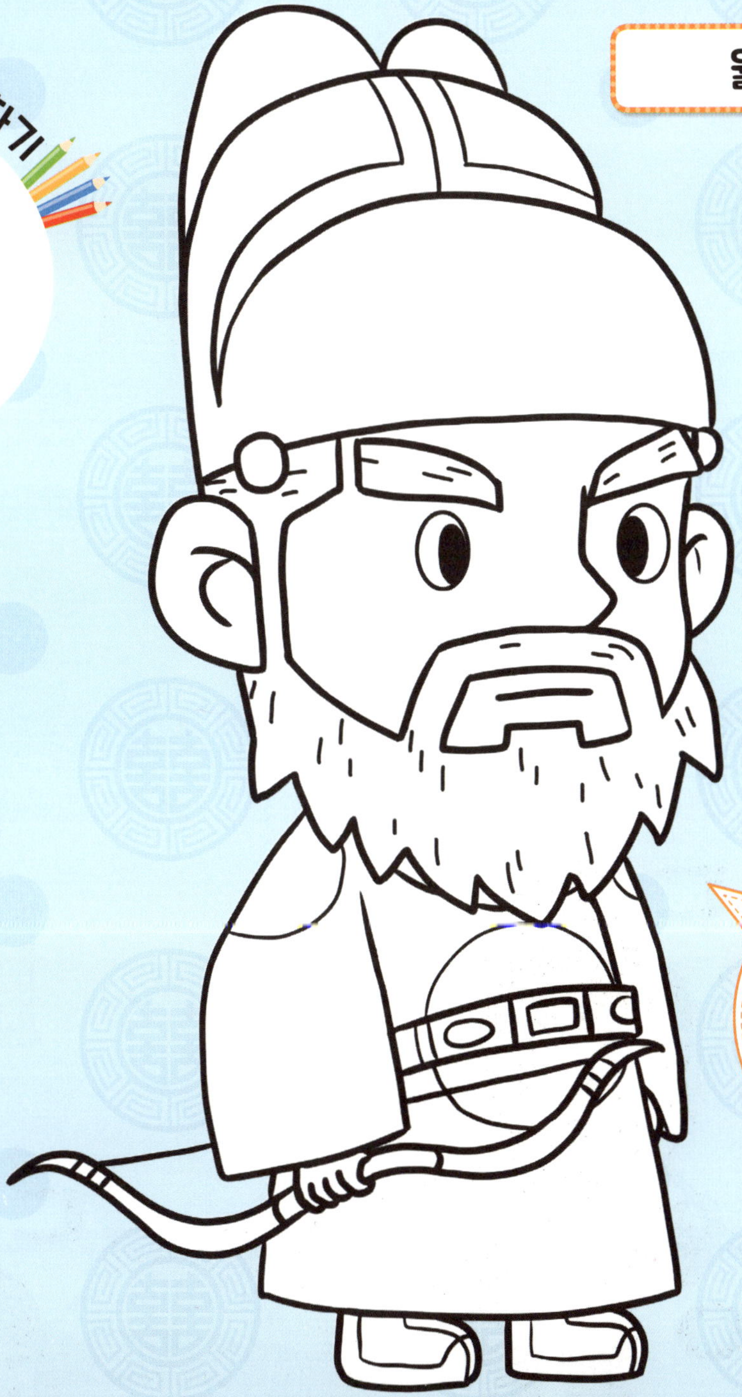

나는 신진 사대부들의 지지를 받았지.

이 성 계   조 선

47

한글을 만든 왕
세종 대왕

23 조선

1397~1450, 조선 제4대 왕, 훈민정음

백성이 하고 싶은 일을 할 수 있는 나라를 꿈꾼 세종 대왕은 훌륭한 업적을 많이 남겼어요. 백성이 편히 쓸 수 있는 한글, 훈민정음을 만들고, 과학 기술을 발달시키는 데도 힘썼지요. 영토를 넓히고 농사와 의학에 관련된 책도 펴냈어요.

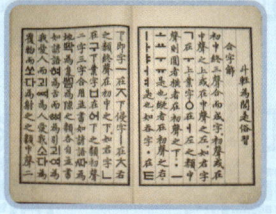
< 훈민정음 >

✦ 찾아라! 다른 그림 3개 ✦

세종 대왕 색칠하기

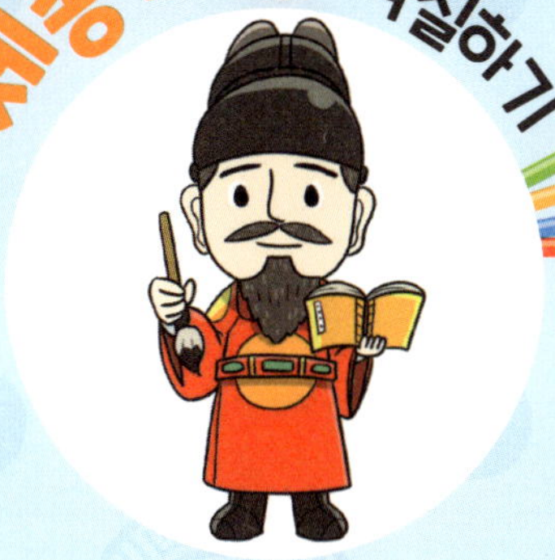

월 일

오늘의 나는?

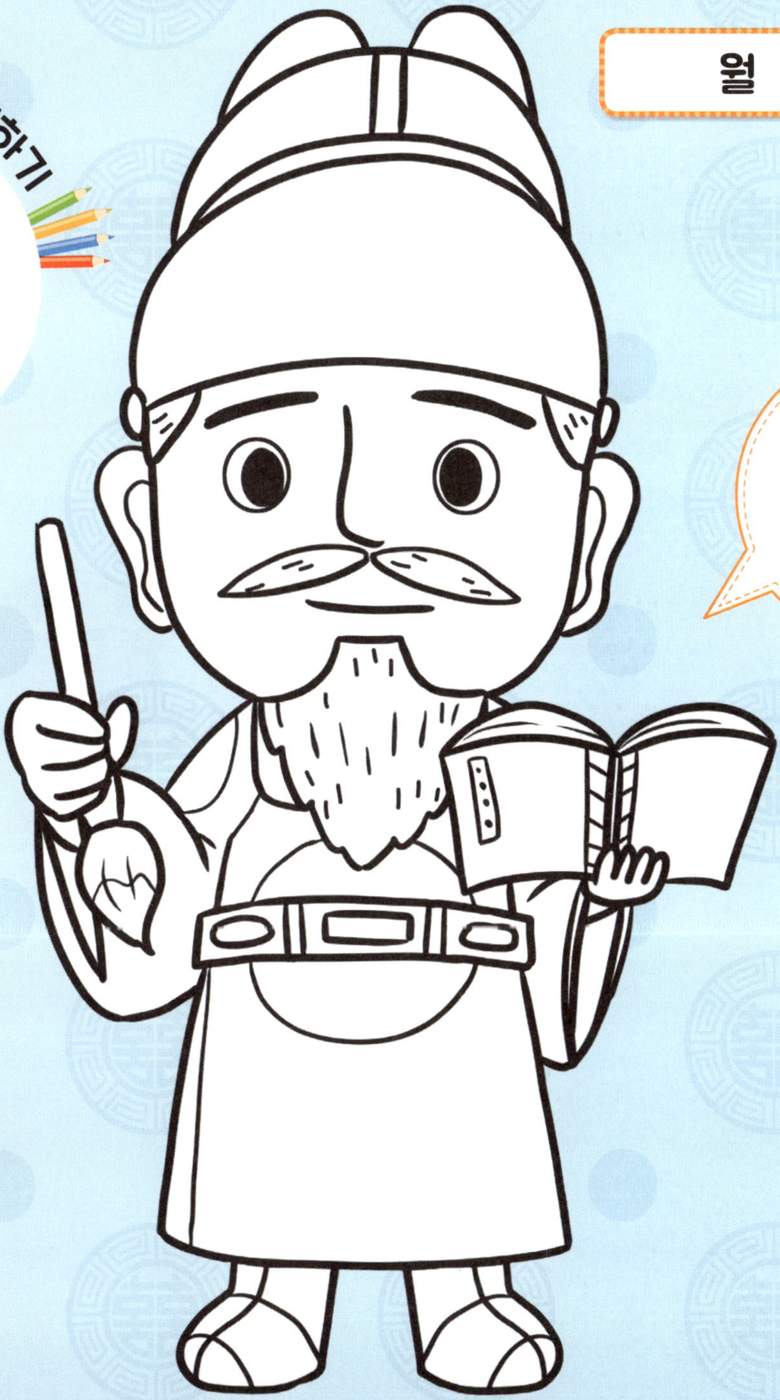

책도
읽을수록
맛이 난다.

따라쓰기

세종 대왕 한글

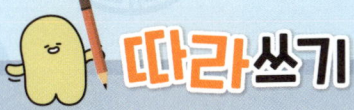

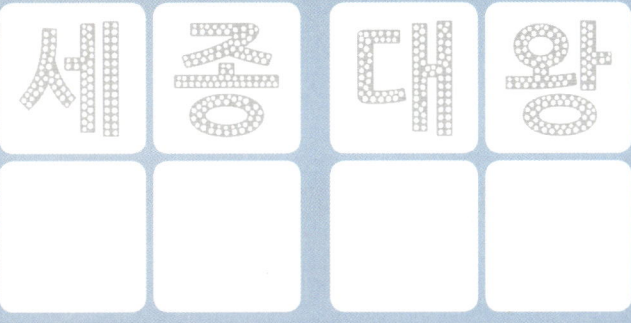

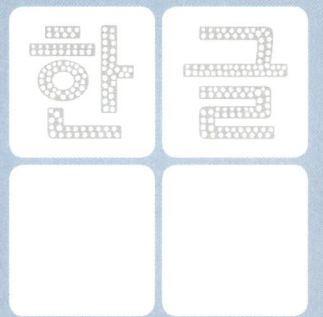

쓰시마섬을 정벌한 장군
이종무

1360~1425, 말타기, 활쏘기

이종무는 고려의 마지막 4대왕에 이어서 조선 초기 4대왕을 모실 정도로 왕에게 인정받은 장군이에요. 어려서부터 말타기와 활쏘기 능력이 뛰어났던 이종무는 왜구가 쳐들어왔을 때마다 전쟁에 나갔지요. 이종무는 세종 때 왜구의 활동 중심지인 쓰시마섬을 정벌하는 큰 공을 세웠어요.

✳ 바닷속 미로를 탈출해 보세요. ✳

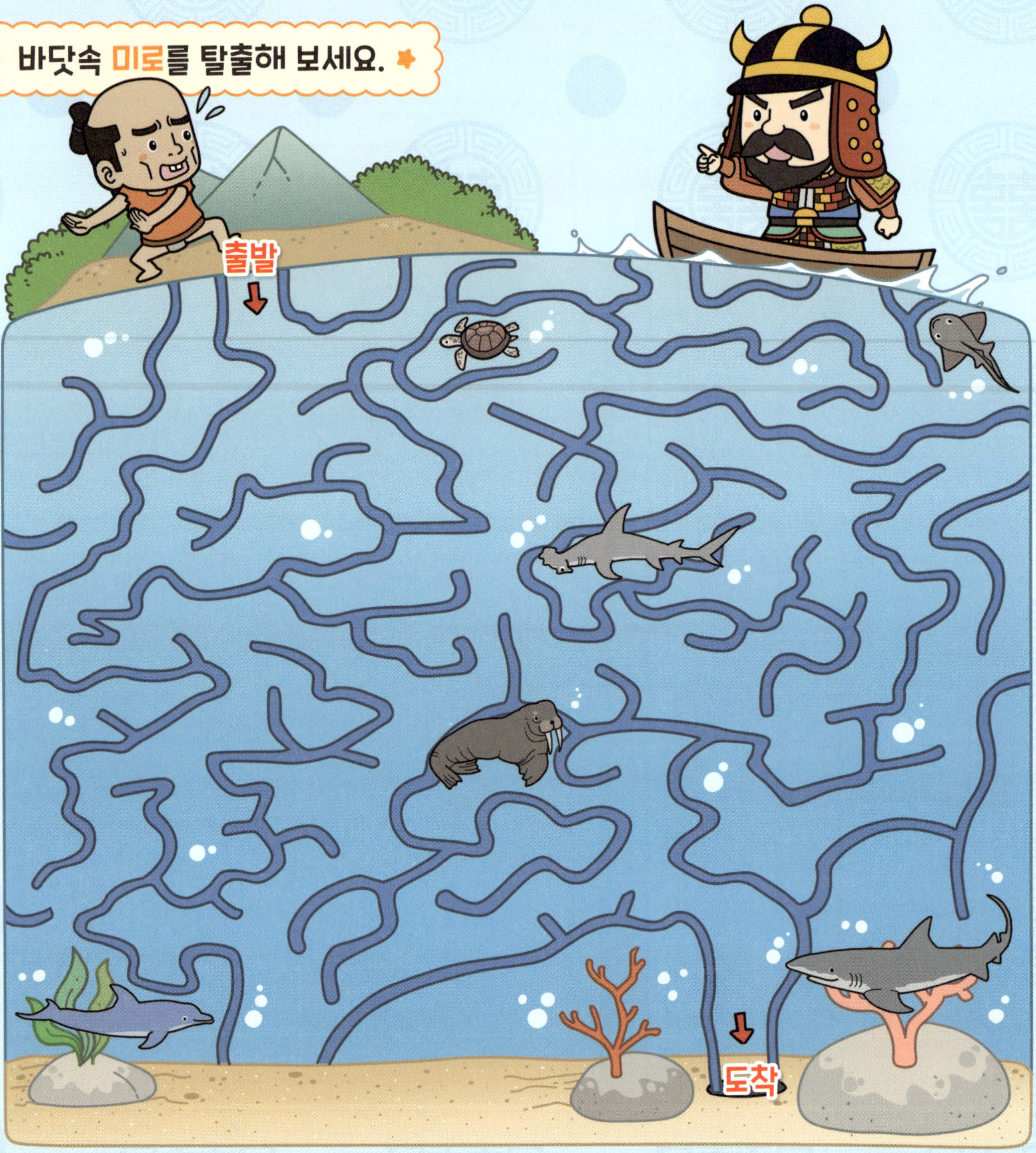

이종무 색칠하기

월 일 오늘의 나는?

나는 왜구를 물리친 경험이 많은 장군이다.

따라쓰기

이종무   말타기

조선 최고의 발명가
장영실

1390~?, 과학자

장영실은 손재주가 뛰어났지만, 안타깝게도 신분이 노비였어요. 하지만 세종은 장영실의 재능을 인정해 주었지요. 이렇게 **탁월한 재능**과 **끊임없는 노력**으로 신분의 한계를 극복한 장영실은 세계 최초로 비의 양을 측정하는 **측우기**를 발명했을 뿐만 아니라 해시계 **앙부일구**, 물시계 **자격루** 등을 발명했어요.

✦ 찾아라! 다른 그림 3개 ✦

월 일

끊임없이 노력해서 세상에 꼭 필요한 사람이 되겠다.

장영실 색칠하기

따라쓰기

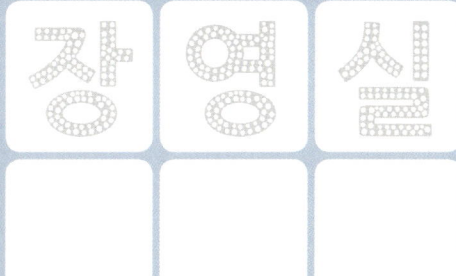
장영실

측우기

나만의 위인 그림 완성하기

회색 선을 따라 **위인**을 그리고 **얼굴과 옷의 무늬**를 그려 넣은 후 멋지게 색칠해 보세요.

조선의 여성 예술가
신사임당

26 조선

1504~1551, 여성 예술가

신사임당은 조선 시대의 여성을 대표하는 **예술가**예요. 생활 속에서 관찰할 수 있는 **친근한 소재**를 그림에 담았지요. **5만 원권 지폐**의 주인공인 신사임당은 5천 원권 지폐의 주인공 **율곡 이이**의 **어머니**랍니다.

신사임당 생가 **오죽헌**
(사진:한국관광공사)

✦ 찾아라! 숨은 그림 : 리본, 부메랑, 양말

월   일

뜻을 세우면 이루지 못할 것이 없다!

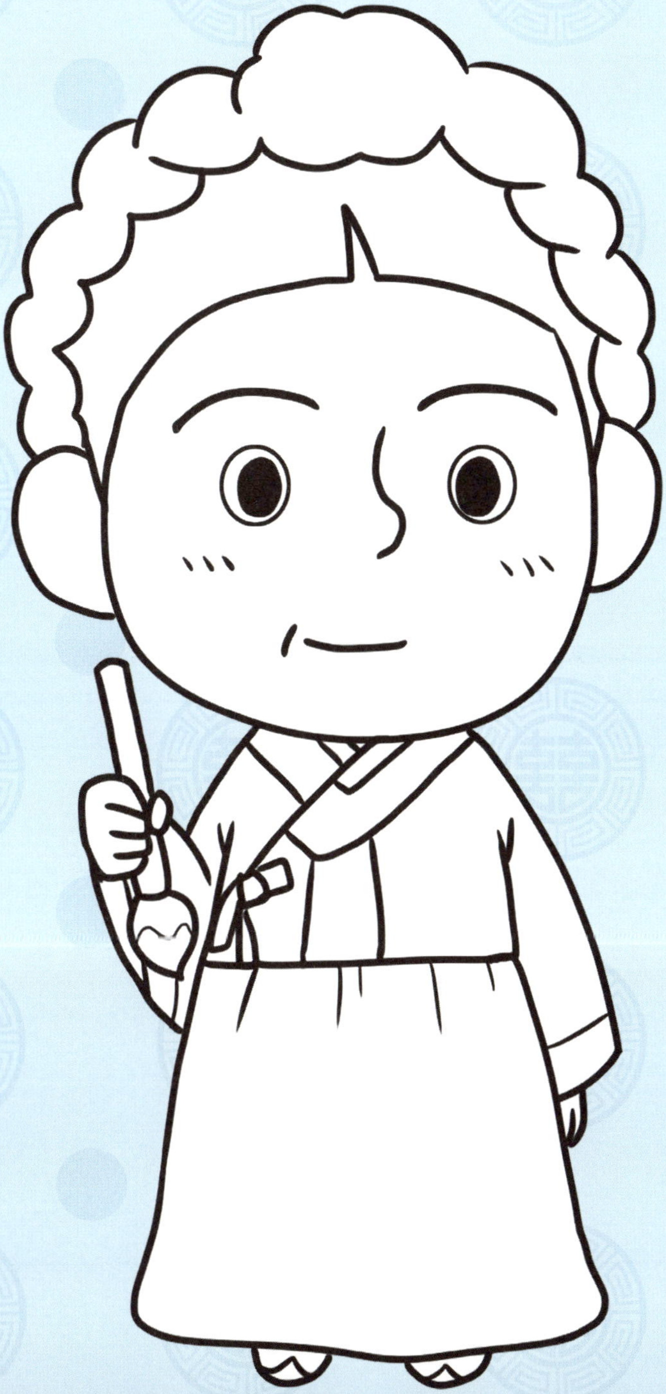

신사임당 색칠하기

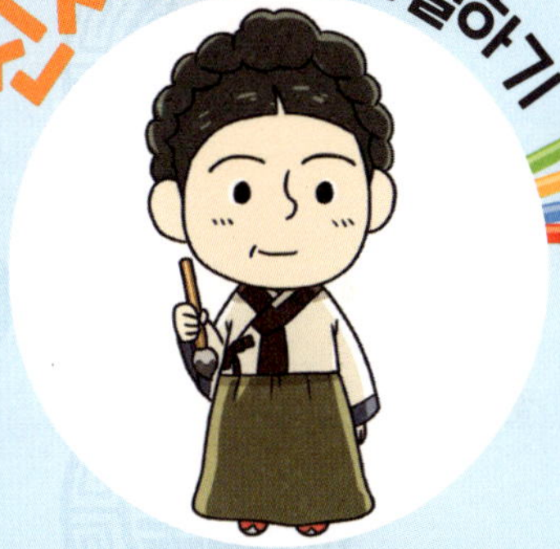

따라쓰기

신사임당   예술가

조선의 교육자
이황

1501~1570, 바르고 정직한 학자

이황은 어려서부터 책 읽기를 좋아하고 공부도 열심히 했어요. 예의가 바르고 **정직한** 이황은 학문을 통해 기쁨과 만족을 얻었다고 해요. 이황은 항상 소박하고 부지런하게 살았으며 매우 **겸손**했지요. 이황은 **서당**을 짓고 인재를 길러 내는 데도 힘썼어요.

✦ 학생이 서당에 늦지 않게 **미로**를 탈출해 보세요. ✦

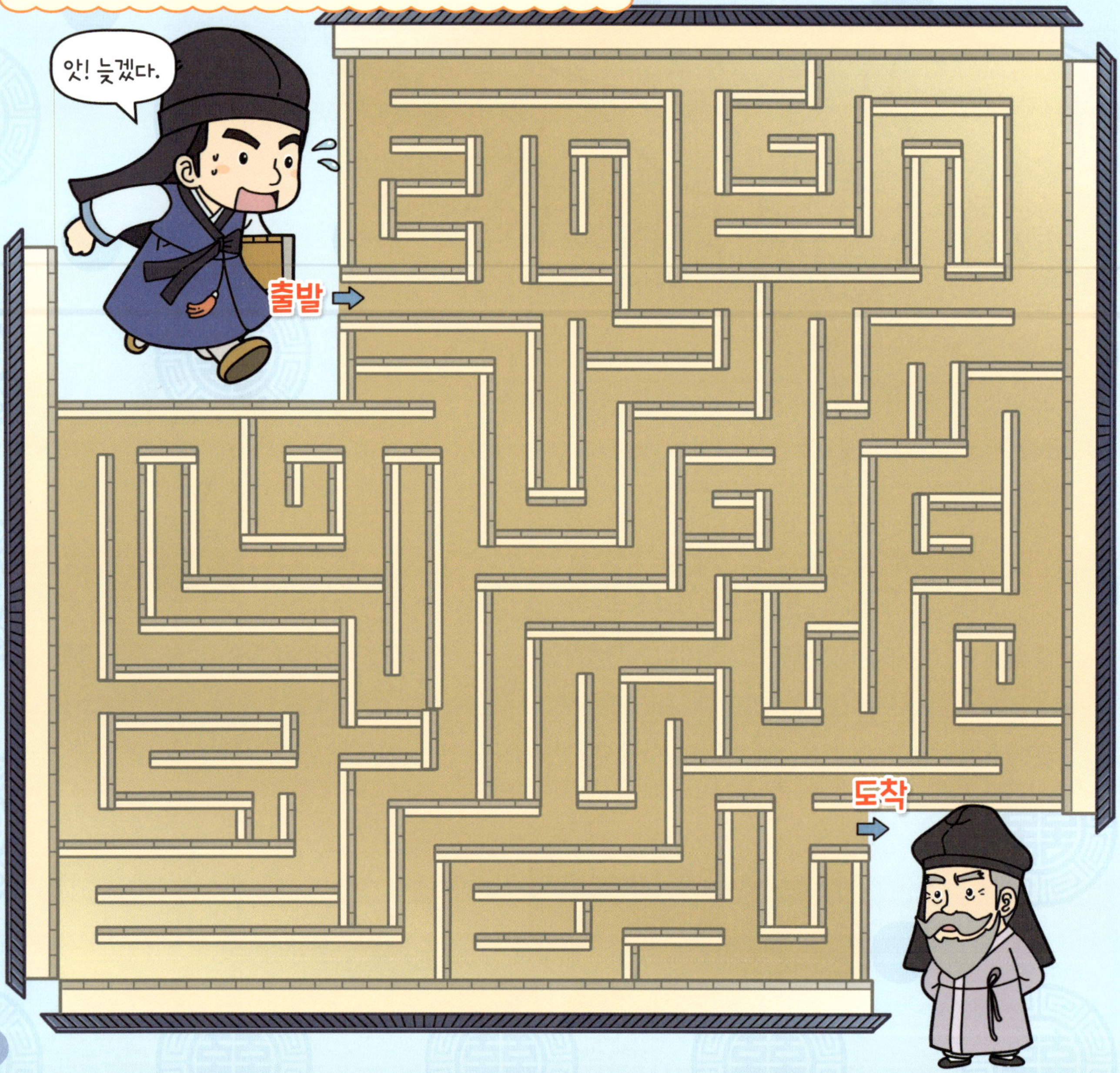

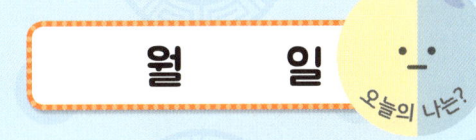

배우는 즐거움보다 소중한 것은 없다.

이황 색칠하기

따라쓰기

28 조선

가난한 사람을 도운 *의적
임꺽정

?~1562, 의적 활동

어려서부터 정의로웠던 **임꺽정**은 관직에 올라 나랏일을 하고 싶었지만 **천민**이기 때문에 뜻을 이룰 수 없었어요. 사회가 혼란스럽고 관리들의 *부정부패가 심해지자, 임꺽정은 **의적**으로 활동했어요. 양반집과 관청에서 곡식과 재물을 몰래 가져다 **가난한 사람들**에게 나누어 주었지요.

★ 찾아라! 다른 그림 3개 ★

* 의적 : 정의로운 도적. / * 부정부패 : 바르지 못하고 썩을 대로 썩은 모습.

임꺽정 색칠하기

월 일 오늘의 나는?

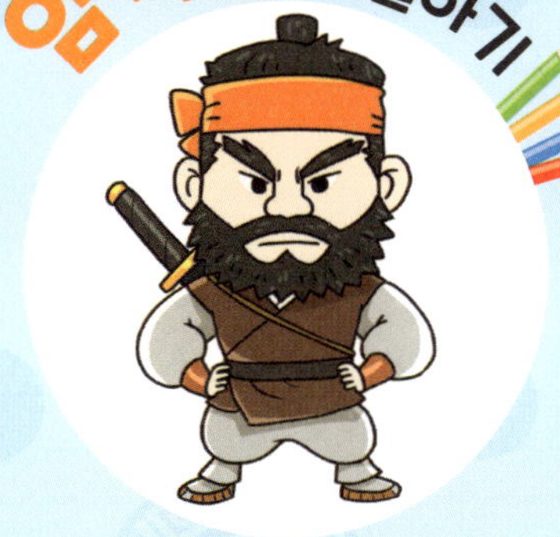

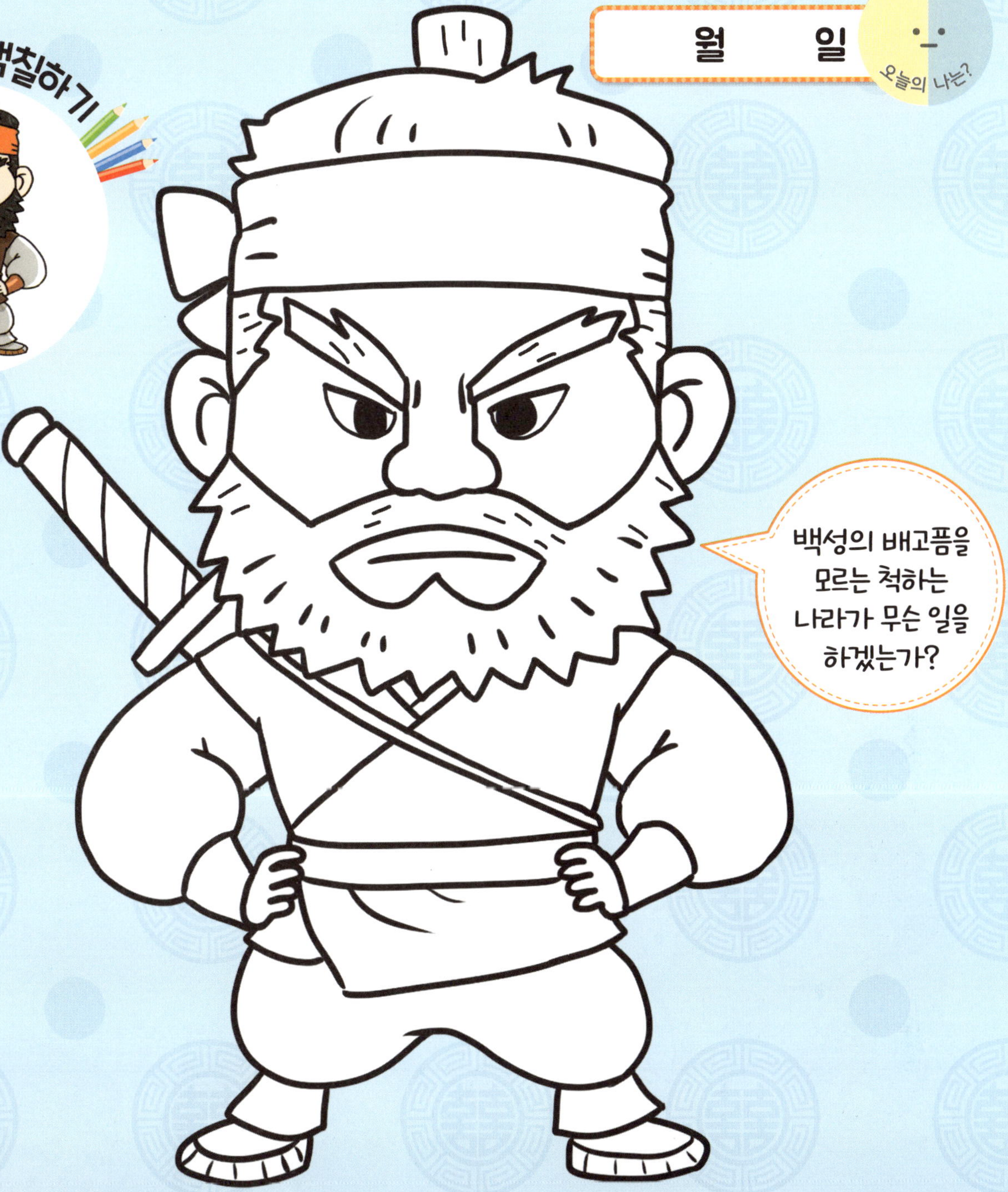

백성의 배고픔을 모르는 척하는 나라가 무슨 일을 하겠는가?

따라쓰기

10만 양병설을 주장한 학자
율곡 이이

1536~1584, 학자, 장원 급제

이이는 학문을 좋아했던 어머니 신사임당의 영향을 받아, 어려서부터 공부를 열심히 했어요. 과거 시험에서 아홉 번이나 장원 급제(1등)를 하여, 오랫동안 관직에 있으면서 왕이 바른 정치를 하도록 이끌었지요. 외적의 침입에 대비해 군사를 길러야 한다는 10만 양병설도 주장했어요.

★ 찾아라! 다른 그림 3개 ★

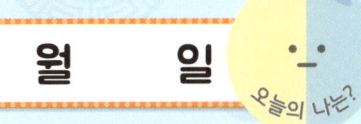
월 일

왕은 백성의 뜻을 헤아려서 백성의 행복을 위한 정치를 해야 한다.

이이 색칠하기

따라쓰기

이이

바른정치

임진왜란 대표 *의병장
곽재우

1552~1617, 홍의 장군

일본이 조선에 침입해 **임진왜란**이 일어나자, **곽재우**는 의병(백성들로 이뤄진 군대)을 조직해요. **붉은 옷**을 입고 싸워서 **홍의 장군**이라고 불렸지요. 곽재우는 어려서부터 활쏘기, 말타기, 글쓰기 등을 열심히 익혔어요. **군사 지휘** 관련 책도 공부해 다양한 **전술**을 사용했답니다.

❋ 홍의 장군 곽재우와 함께 미로를 탈출해 보세요. ❋

* 의병장 : 백성들로 이뤄진 군대를 거느리는 장수.

곽재우 색칠하기

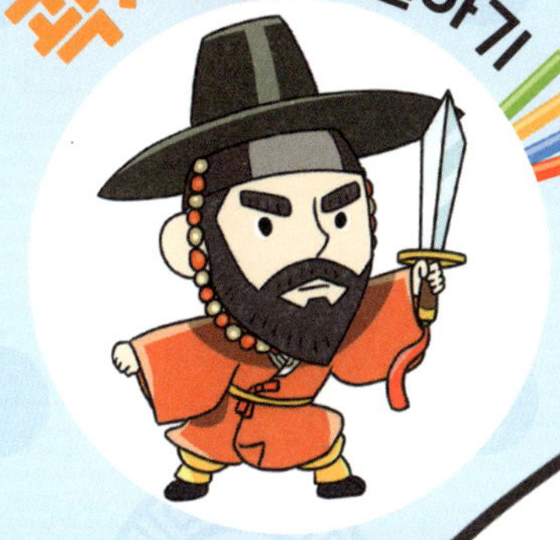

월 일 오늘의 나는?

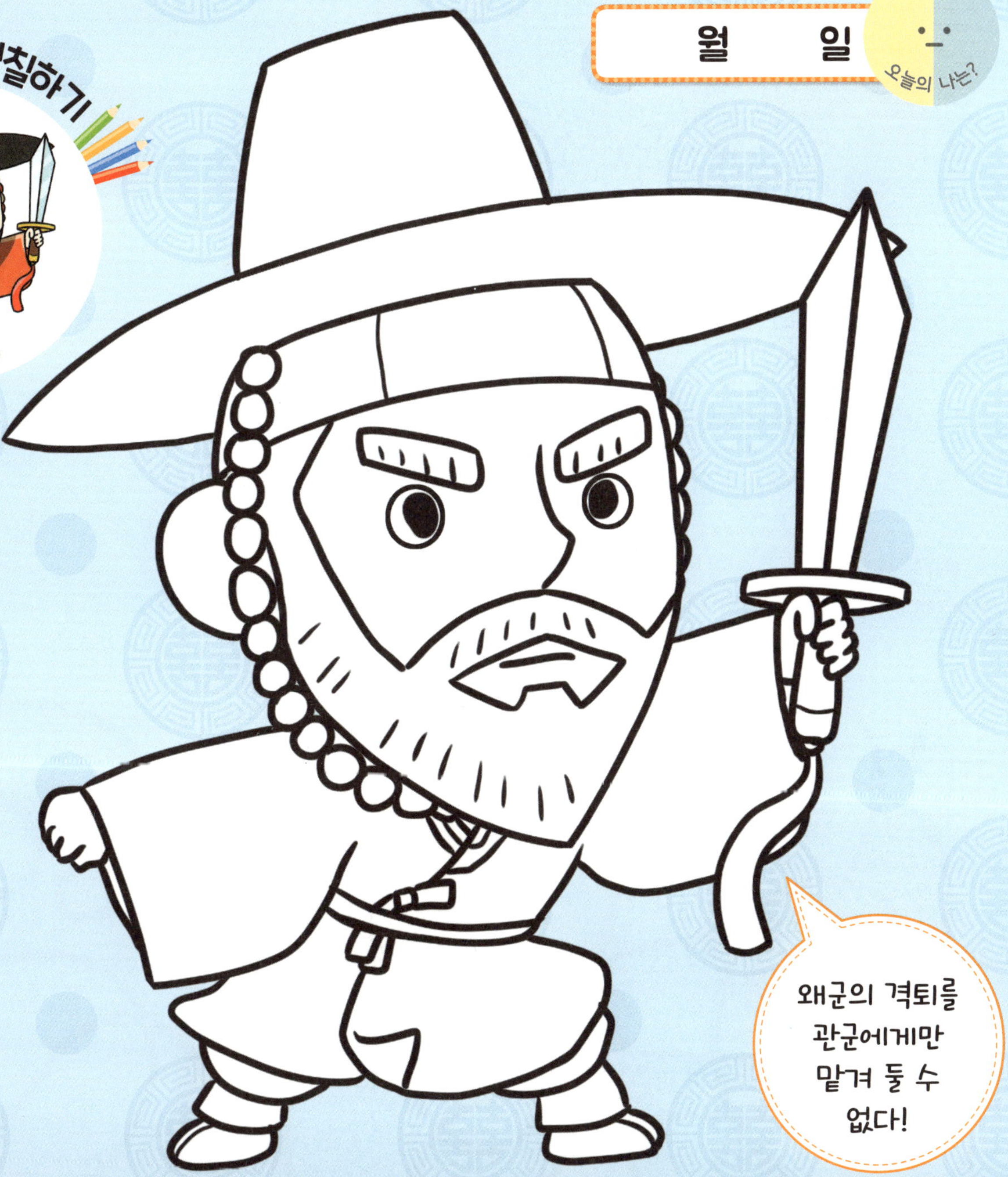

왜군의 격퇴를 관군에게만 맡겨 둘 수 없다!

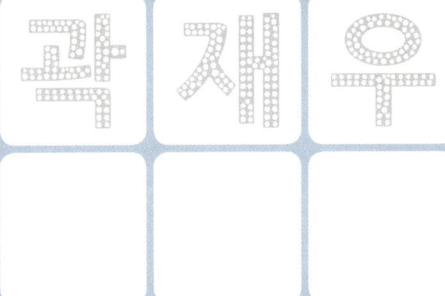

행주산성을 지킨 장군
권율

1537~1599, 장군, 행주 대첩

권율은 젊어서 전국의 이름난 산을 돌아다니면서 지리를 익혔어요. 마흔이 넘어서 관직에 오른 권율은 임진왜란 때 **한양**을 되찾기 위해 **행주산성**으로 들어갔어요. 왜군이 산성을 하루에만 아홉 번 공격했으나 권율은 끄떡도 하지 않았고 마침내 **승리**를 거두었지요.

✦ 문을 열 수 있는 **열쇠**는 무엇인지 찾아보세요. ✦

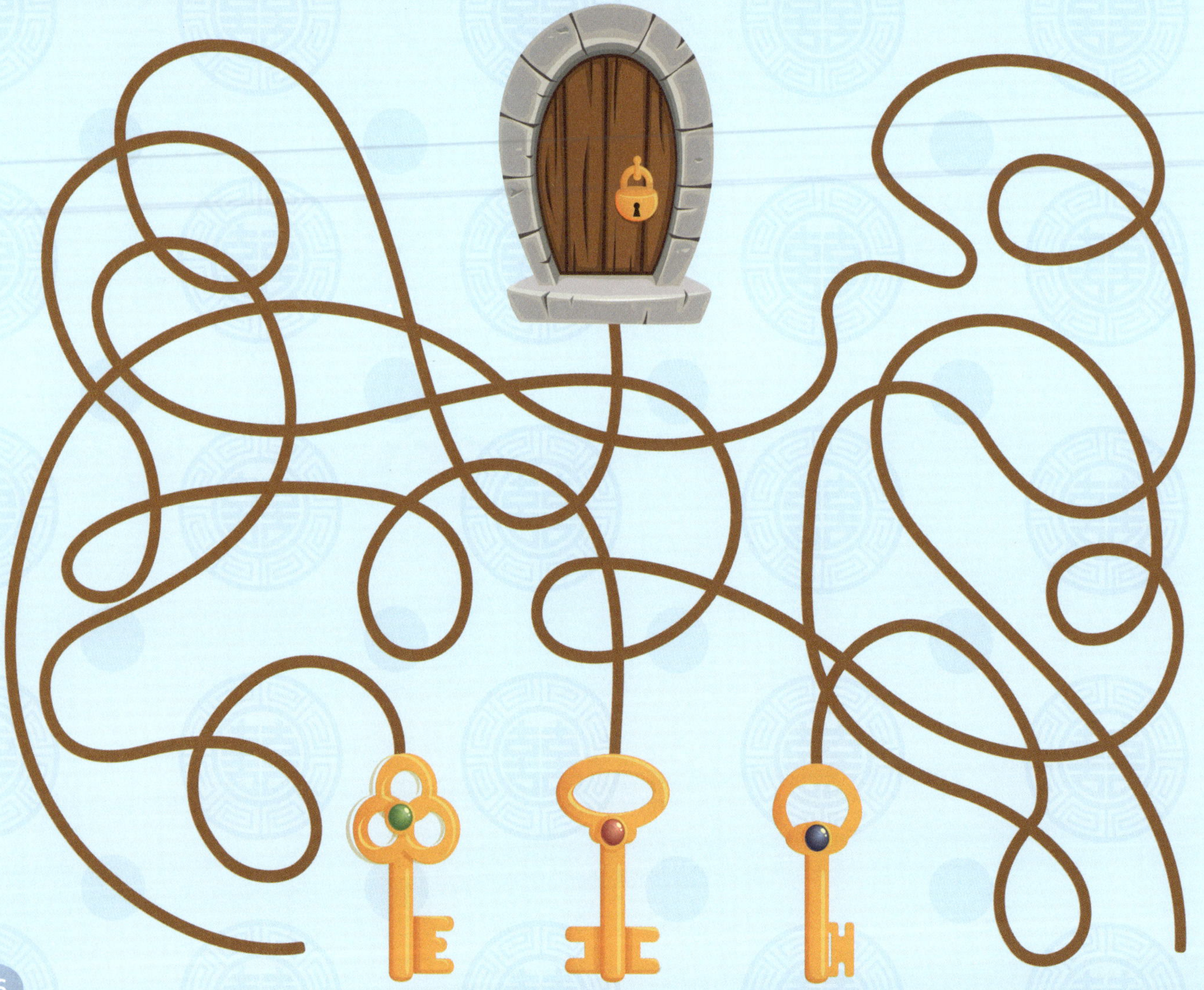

권율 색칠하기

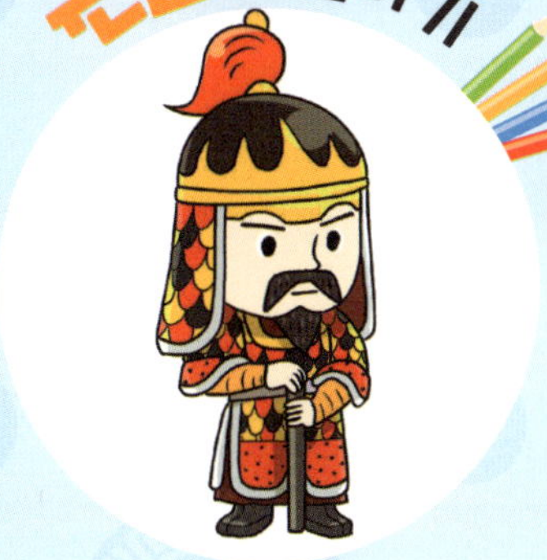

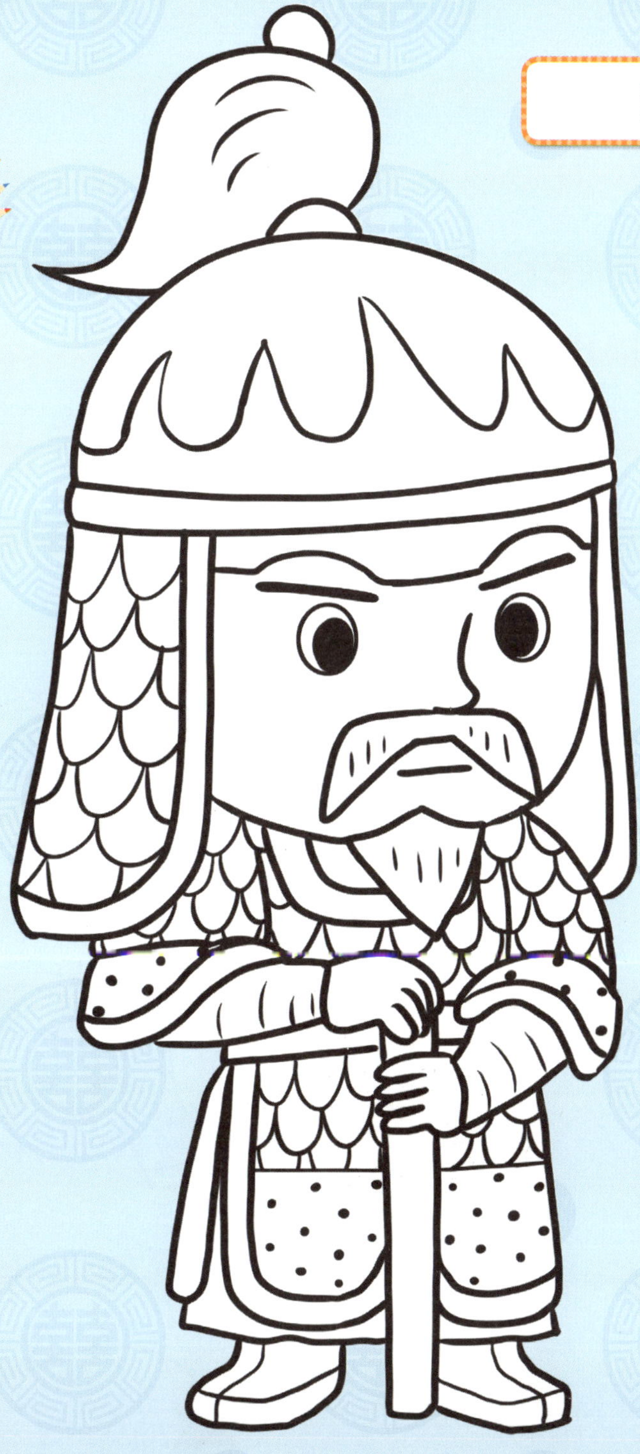

무기가 떨어졌다면 돌이라도 던져라!

월 일

따라쓰기

권율 행주대첩

목숨을 바친 의로운 기생
논개

?~1593, 관기, 논개 바위

논개는 임진왜란 때 일본 장수와 함께 강물에 뛰어들어 죽은 의로운 기생(관기)이에요. 왜군의 장수들이 승리의 잔치를 벌이고 있을 때, 논개가 곱게 차려입고 나타났어요. 절벽 아래에 강물이 흐르고 있는 가파른 바위에 선 논개는 일본 장수가 그녀의 몸을 잡자 함께 강물로 뛰어내렸답니다.

★ 찾아라! 다른 그림 3개 ★

월 일 오늘의 나는?

일본 장수를 안고 깍지 낀 손이 풀어지지 않게 열 손가락에 모두 반지를 끼자.

논개 색칠하기

 **따라**쓰기

논개　　임진왜란

33 조선

임진왜란 때 바다를 지킨 장군
이순신

1545~1598, 임진왜란 영웅, 거북선

이순신은 일본이 조선에 쳐들어올 것을 예상하여, 군사를 훈련시키고 거북선도 만들었어요. 임진왜란이 일어나자, 이순신은 전투에서 여러 번 승리했지요. 전쟁에서 죽는 그 순간까지 군사들의 전투 의지를 떨어뜨리지 않기 위해 자신의 죽음을 알리지 말라고 했답니다.

거북선

★ 찾아라! 숨은 그림 : 마이크, 포크, 책 ★

이순신 색칠하기

월 일 오늘의 나는?

나의 죽음을 알리지 말라.

 따라쓰기

동양 최고의 의학책을 쓰다!
허준

34 조선

1539~1615, 조선의 *의관, 동의보감

허준은 아픈 사람이라면 신분에 상관없이 치료를 받아야 한다고 생각한 의관이에요. 당시의 의학책은 대부분 중국에서 들여왔어요. 중국인과 조선인의 몸은 다르므로 조선 백성에게 맞는 의학책을 만들라는 임금의 명을 받아, 허준은 백성들을 위한 의학책 <동의보감>을 완성했어요.

✦ **찾아라! 숨은 그림 : 종이비행기, 양초, 지팡이**

* 의관 : 조선 시대에 의술에 종사하던 벼슬.

월   일

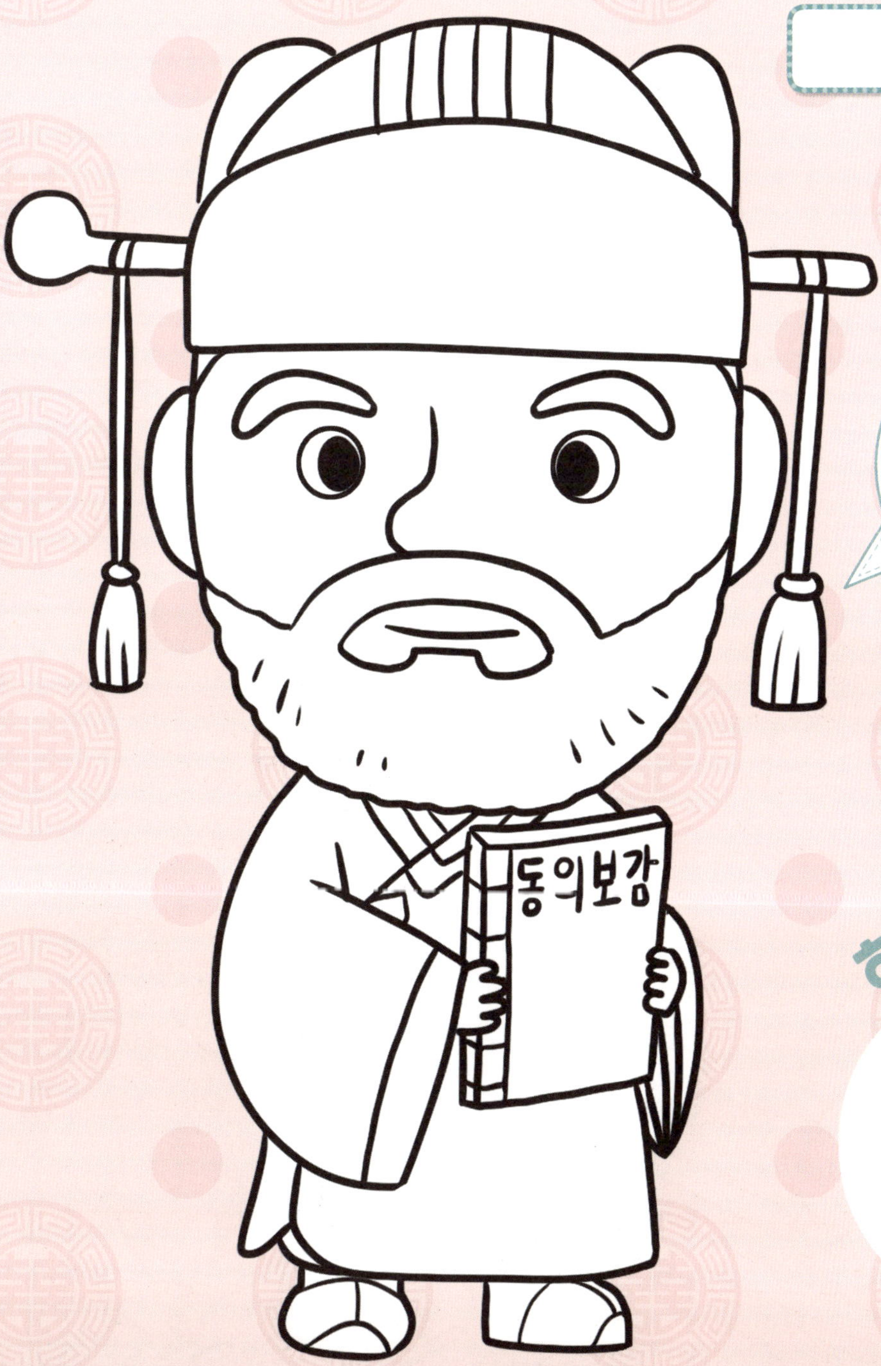

때로는 눈에 보이지 않는 곳에 해답이 있다.

허준 색칠하기

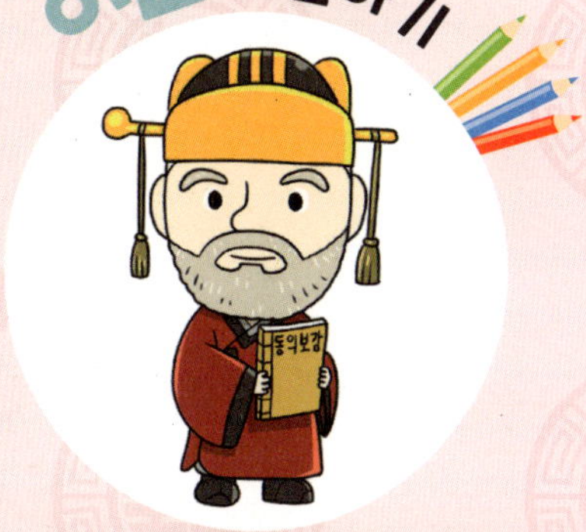

 따라쓰기

조선의 대표 서예가
한석봉

1543~1605, 서예가, 최고 *명필

글공부를 위해 집을 떠났던 한석봉이 3년 정도 지난 후 집으로 돌아왔어요. 그날 밤 어머니가 불을 끄고 석봉에게 글씨를 쓰게 하고 자신은 떡을 썰었지요. 불을 켜고 보니 어머니가 썬 떡은 일정한데 자신의 글씨는 비뚤비뚤한 것을 본 한석봉은 더 열심히 공부하겠다고 다짐했지요. 그리고 당시 제일의 서예가가 되었답니다.

✦ 찾아라! 숨은 그림 : 고깔모자, 박쥐, 바늘 ✦

* 명필 : 글씨 잘 쓰기로 이름난 사람.

월 일

오늘의 나는?

한석봉 색칠하기

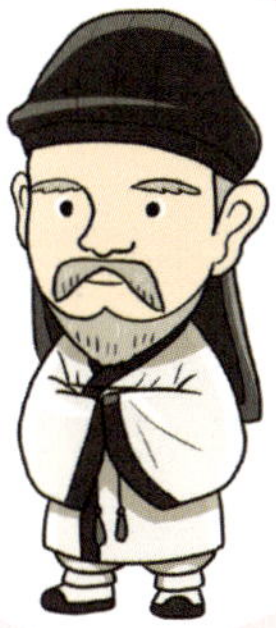

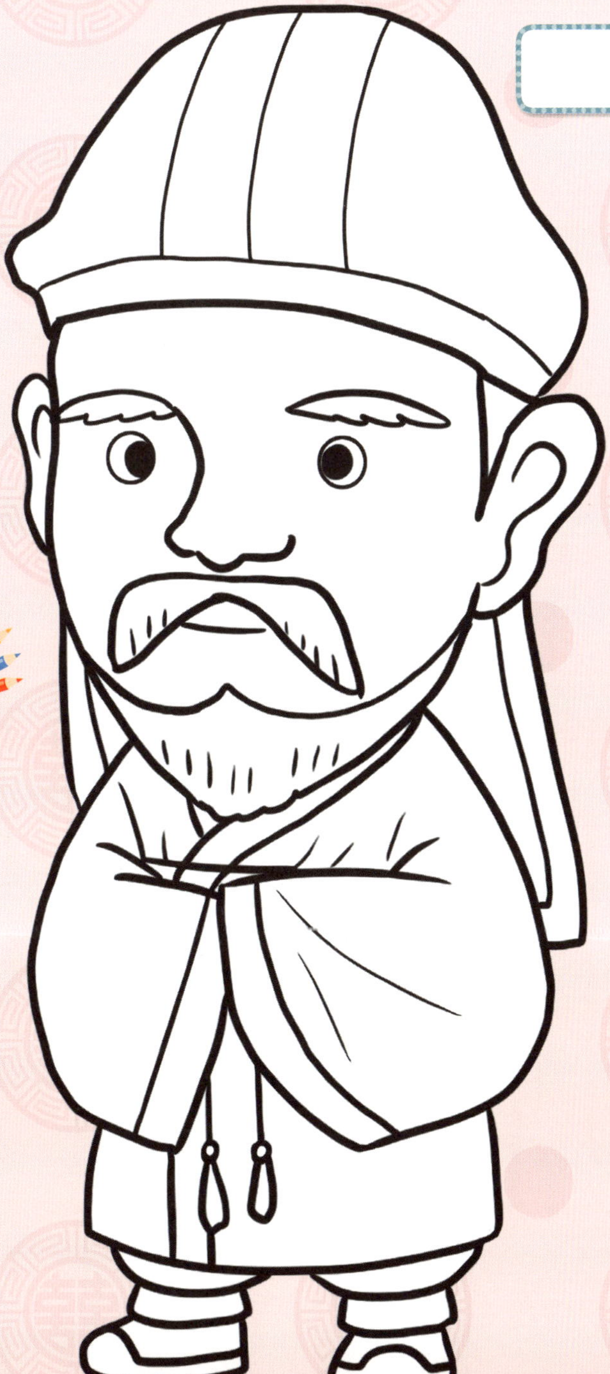

시간이 없어
공부하지 않는 자는
시간이 있어도
공부하지 않는다.

따라쓰기

한석봉 서예가

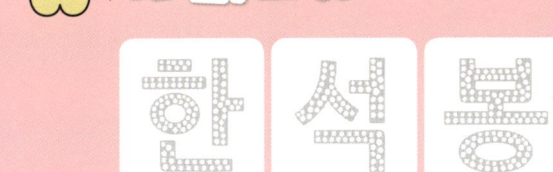

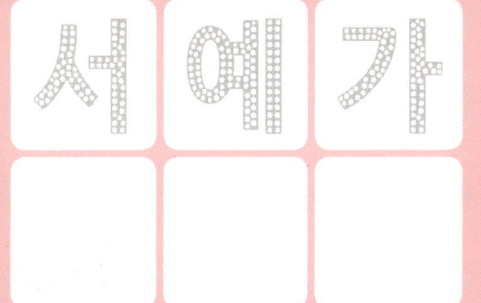

36 조선
조선을 빛낸 시인
허난설헌

허난설헌 생가

1563~1589, *여류 시인, 허균의 누나

허난설헌은 어려서부터 똑똑하고 글을 잘 썼어요. 당시에는 글공부와 시를 짓는 것이 주로 남자들만 가능했지만, 아빠에게 글을 배우고, 오빠 허봉이 소개한 스승에게도 배웠지요. <규원가> 등의 시를 지었으며, 그녀의 시는 훗날 중국과 일본에서도 인기를 얻었어요.

✿ 허난설헌이 시를 쓸 수 있게 미로를 탈출해 보세요. ✿

* 여류 : 어떤 전문적인 일에 능숙한 여자를 이르는 말.

___월 ___일

허난설헌 색칠하기

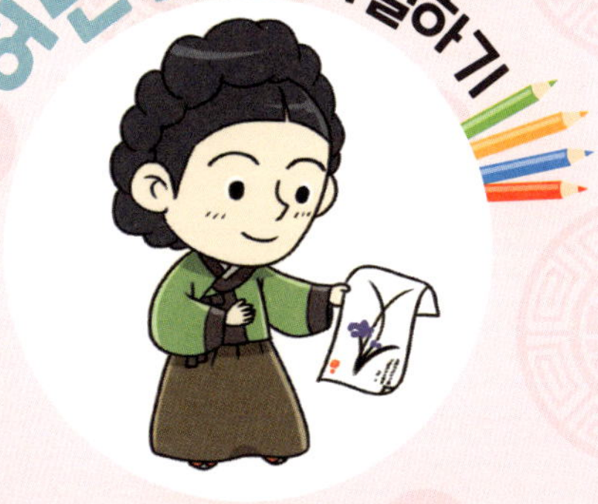

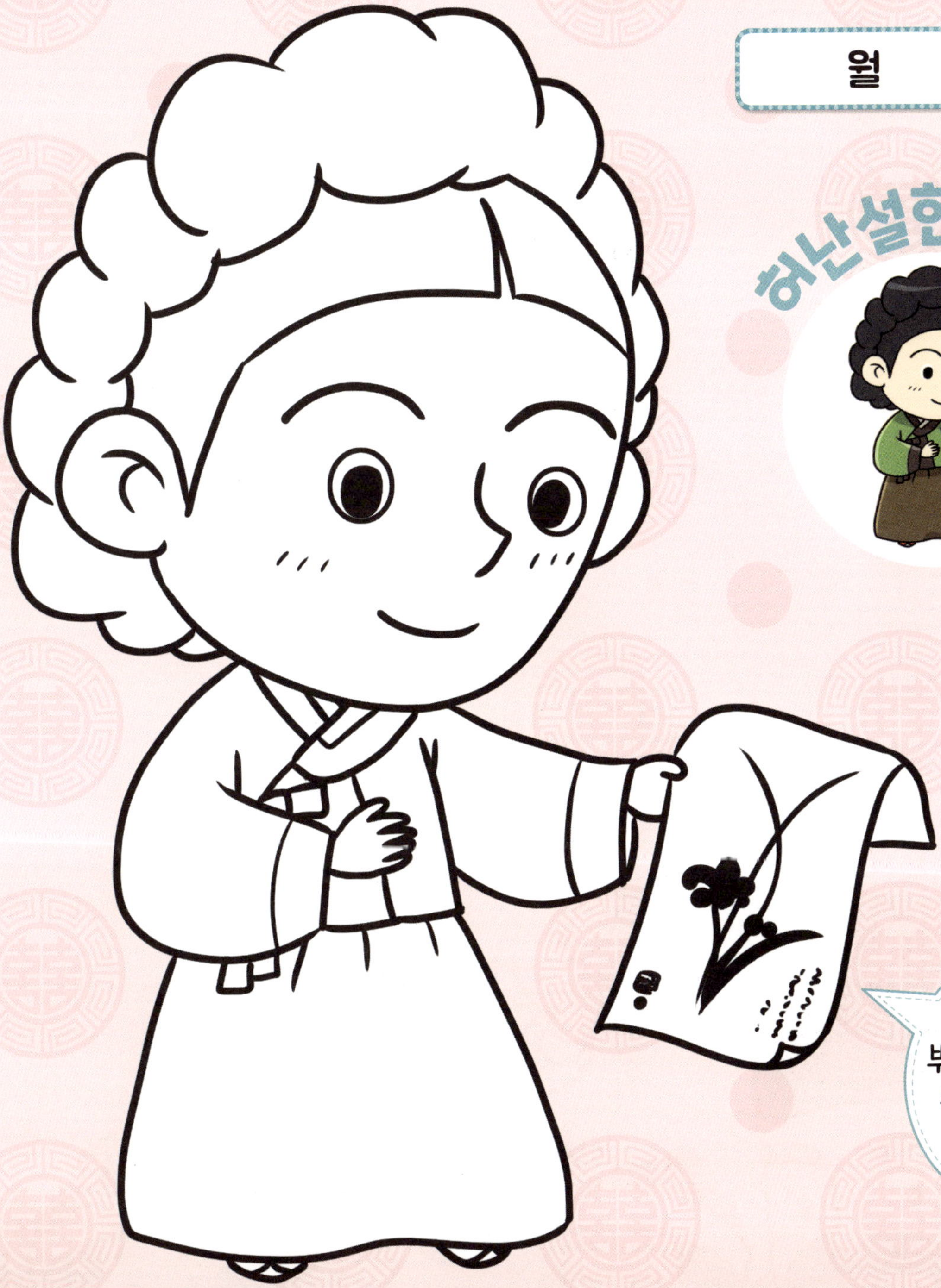

> 스스로 부끄러워하니 누구를 원망할 것인가?
> — 〈규원가〉 중에서

허난설헌   시인

37 조선

홍길동전을 지은 소설가
허균

1569~1618, 정치가, 홍길동전

허균은 최초의 한글 소설 <홍길동전>을 썼어요. *서얼이라는 신분으로 차별받는 홍길동이 나쁜 관료들을 벌하고 백성을 돕는 의적 활동을 하는 내용이지요. 이 소설에는 사람은 신분에 관계없이 누구나 존중받아야 한다는 허균의 생각이 담겨져 있어요.

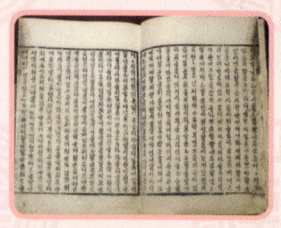

< 홍길동전 >

✽ **찾아라! 숨은 그림 : 물고기, 빗, 칫솔** ✽

* 서얼 : 양반과 양민 혹은 천민 여성 사이에서 낳은 아들.

 월 일

아버지를 아버지라 부르지 못하고, 형을 형이라 부르지 못하니….
- <홍길동전> 중에서

허균 색칠하기

따라쓰기

울릉도와 독도를 지키다!
안용복
조선

?~?, 용감한 어부, 민간 외교가

조선 시대에는 **왜구**들이 조선의 섬 근해에 자주 **출몰**했어요. **안용복**은 울릉도 근처에서 고기잡이를 하던 일본 어민들을 꾸짖었어요. 또 일본에 가서 **울릉도**와 **독도**가 **우리 영토**임을 주장하고 이를 확인하는 문서를 받아 왔지요.

🔸 **찾아라! 다른 그림 3개** 🔸

월 일

울릉도는 원래 우리 땅인데 왜인이 어찌 감히 침범하는가?

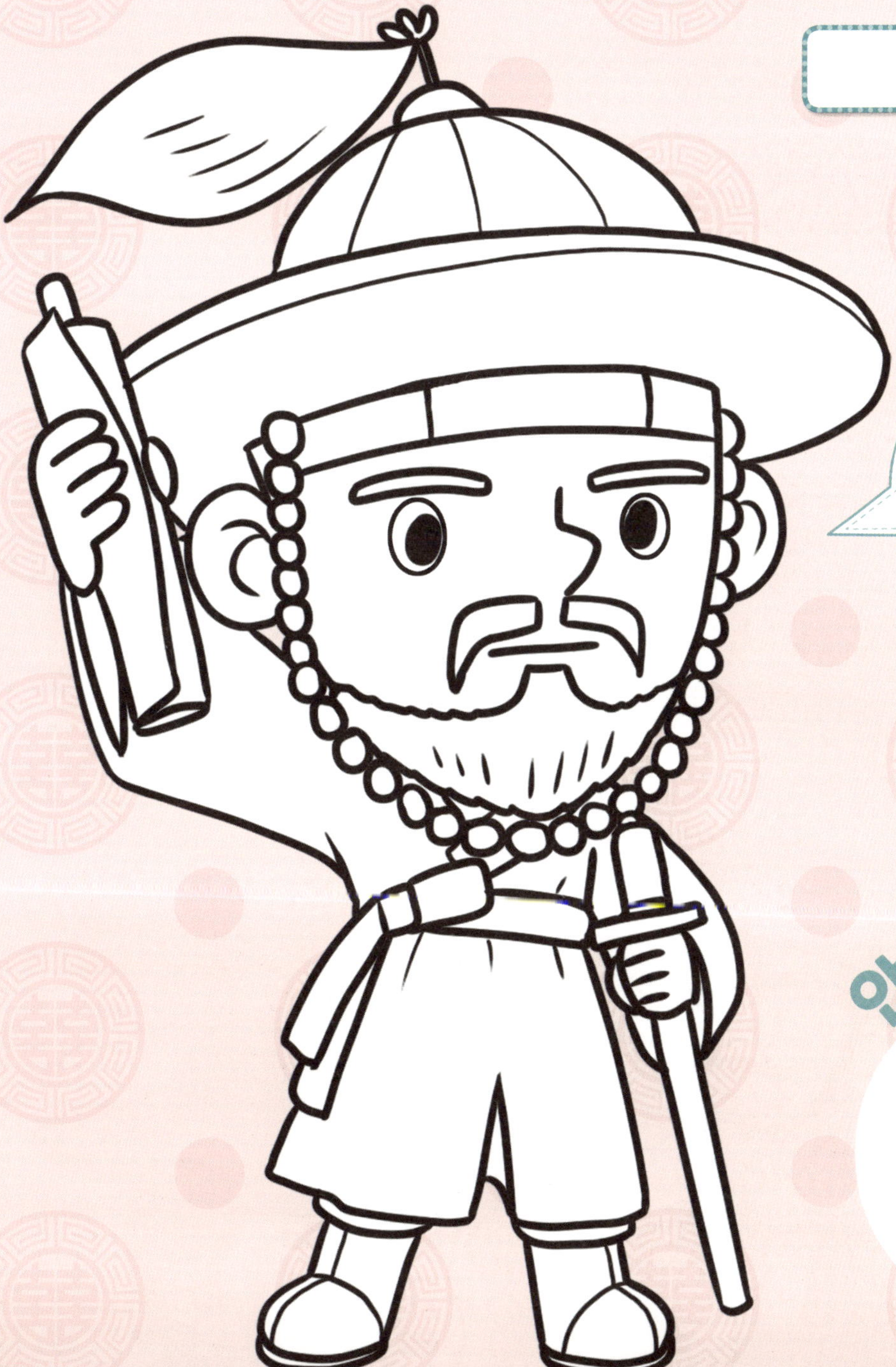

안용복 색칠하기

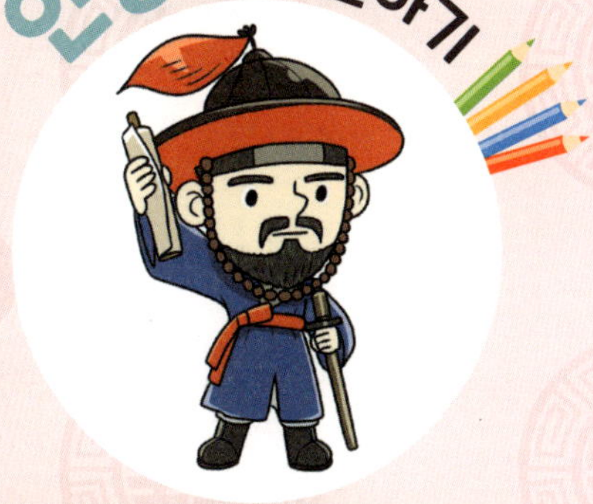

따라쓰기

안용복   독도

조선의 대표 암행어사
박문수

1691~1756, 암행어사, 정치가

평소 백성들이 살아가는 모습을 자세히 관찰하던 **박문수**는 백성들에 대해 아는 것도 많고, 모든 일을 예리하게 살펴보는 **암행어사**였어요. 암행어사는 임금의 지시를 받아 **나쁜 관리**를 찾아내 **벌**을 주는 사람이지요. 박문수는 나쁜 관리를 찾아내 벌을 주고 백성들의 억울함을 덜어 주어 존경을 받았다고 해요.

찾아라! 숨은 그림 : 풍선, 돼지, 달팽이

월   일

내가 하는 일은 두려움에 떨고 있는 백성들을 안심 시키는 일이다.

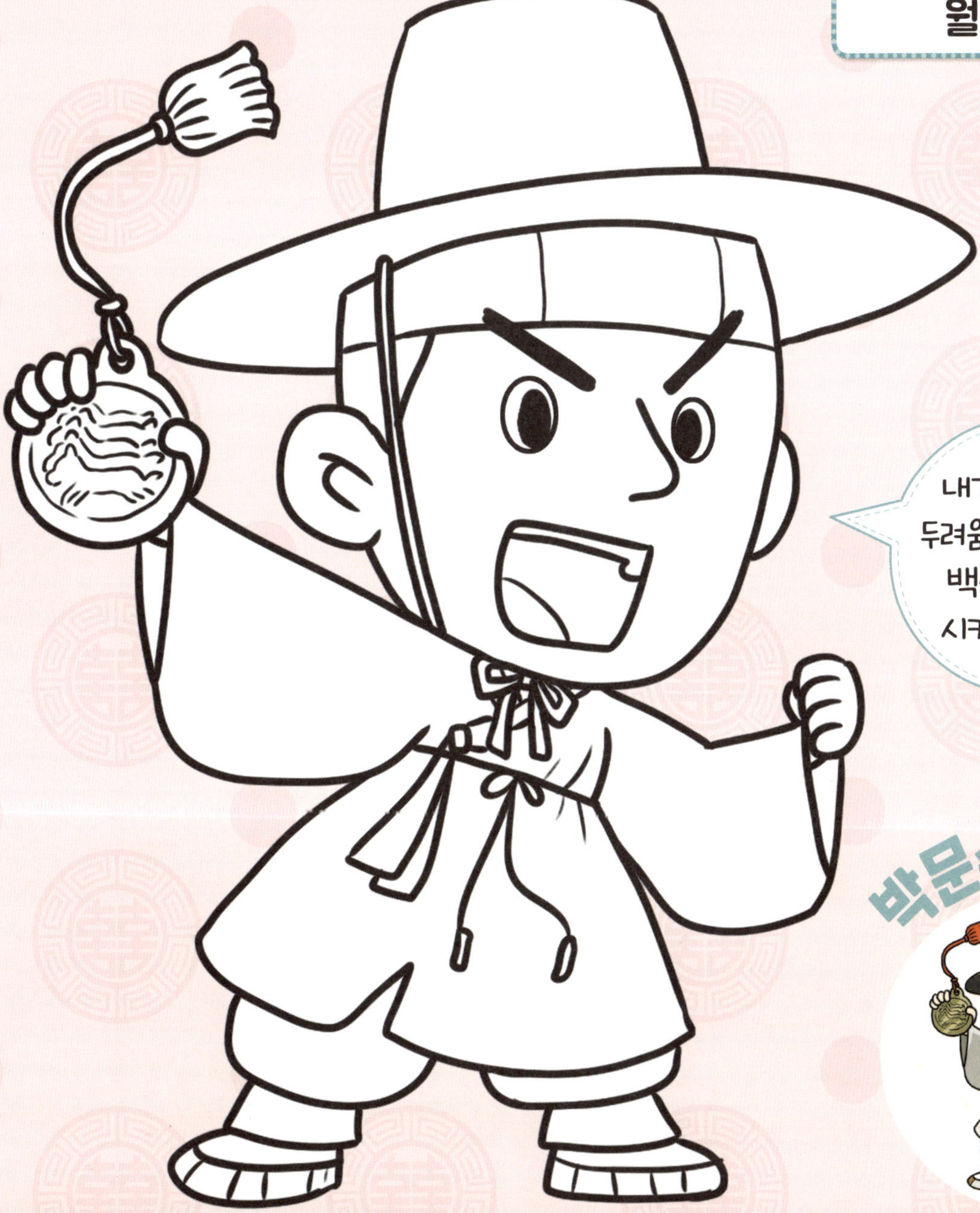

박문수 색칠하기

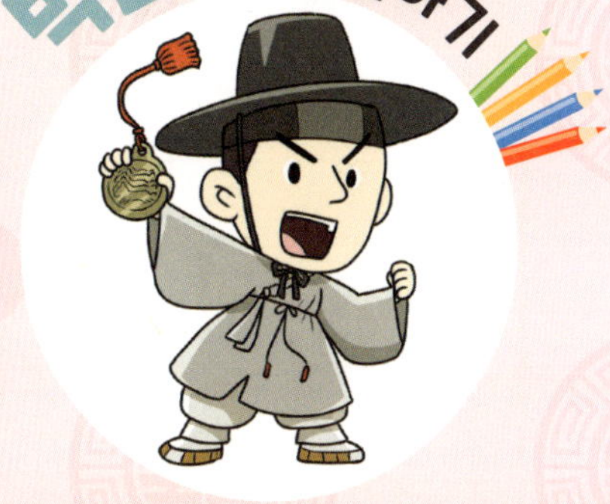

 따라쓰기

박문수   암행어사

나누는 삶을 실천한 여성 상인 김만덕

40 조선

1739~1812, 여성 상인, 제주도

김만덕은 한때 제주도에서 유명한 기생이었어요. 그러던 김만덕이 *객주를 운영하면서 제주도와 육지의 물품을 사고파는 유통업을 통해 많은 돈을 벌게 됐지요. 제주도에 흉년이 들어 사람들이 굶어 죽을 위기에 처하자, 자신의 재산으로 곡식을 사와 사람들을 살려 내 더 유명해졌답니다.

❋ 김만덕이 가난한 이웃에게 쌀을 전할 수 있게 미로를 탈출해 보세요. ❋

* 객주 : 상인들에게 머물 곳을 제공하고 물건을 파는 상인이나 집.

실학을 *집대성한 학자
정약용

1762~1836, 정치가, 발명가

정약용은 정치, 경제, 의학, 천문 등 **여러 방면**에서 많은 작품을 남긴 **조선 후기**의 **학자**이자 **정치가**예요. 지방 관리가 백성을 위해 가져야 할 마음을 정리하여 <목민심서>라는 책을 펴냈으며, 무거운 것을 쉽게 들어 올릴 수 있는 **거중기**도 만들었어요. 그리고 **암행어사**로도 활동했지요.

✿ **찾아라! 숨은 그림 : 잠자리, 양말, 돋보기** ✿

---

* 집대성 : 여러 가지를 모아 하나의 체계를 이루어 완성함.

월   일

독서야말로 인간이 해야 할 깨끗한 일이다.

정약용 색칠하기

따라쓰기

정약용

거중기

양반과 여인을 그린 화가
신윤복

조선

1758~?, 풍속 화가, 미인도

신윤복은 조선 시대에 아름다운 여인의 모습을 그린 <미인도>로 잘 알려진 풍속 화가예요. 신윤복의 풍속도에는 당시의 살림과 의복, 양반들의 놀이 문화 등이 사실적으로 잘 그려져 있어서 조선 시대 후기의 생활 모습을 알 수 있답니다.

❖ 어떤 물건을 콘센트에 꽂을 수 있을까요? ❖

월 일 오늘의 나는?

제 그림을 보면 당시 사람들의 의복이나 놀이 문화를 알 수 있어요.

신윤복 색칠하기

따라쓰기

신윤복   미인도

대동여지도를 만든 지리학자
김정호

?~1866, 지리학자, 대동여지도

김정호는 조선의 지리 정보와 오래된 지도를 모아 정리하여, 과학적이고 정확한 대동여지도를 제작했어요. 지도에는 10리(약 4km)마다 점을 찍어 거리 측정을 가능하게 했고 기호를 사용해서 누구나 알기 쉽게 표현했지요. 지도를 목판에 새겨 인쇄했기 때문에 많은 사람이 지도를 볼 수 있었답니다.

✱ **찾아라! 다른 그림 3개** ✱

월 일

오늘의 나는?

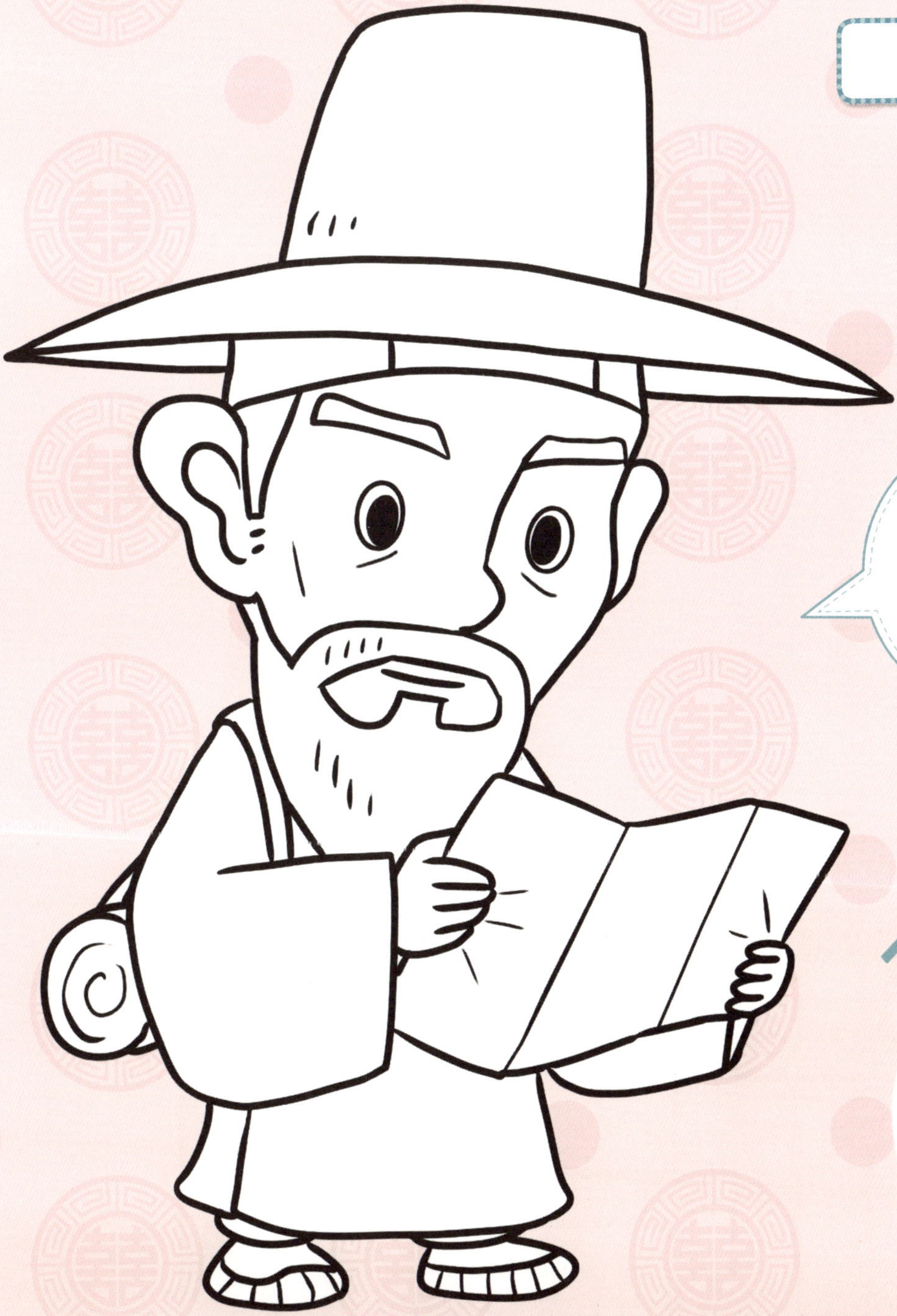

나라를 다스리는 데 도움이 되고자 지도를 만든다.

김정호 색칠하기

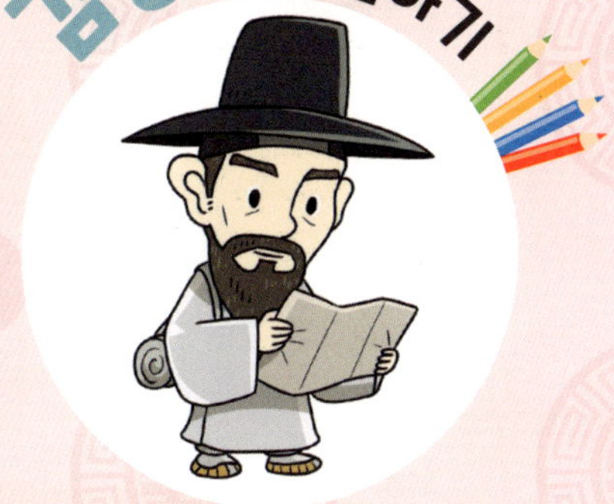

따라쓰기

김정호 대동여지도

방랑 시인 김삿갓
44 조선
김병연

1807~1863, 방랑 시인, 풍자 시인

어려서부터 신동으로 불렸던 **김병연**은 **시**를 매우 잘 지었어요. 과거 시험에 합격했지만, 자신이 시험장에서 비판했던 사람이 알고 보니 자신의 할아버지인 것을 알게 되자, 조상을 욕되게 했다는 죄책감에 벼슬을 버렸어요. 그 후 큰 **삿갓**을 쓰고 떠돌아다니며 **백성의 삶**을 표현한 시를 썼어요. 그래서 **김삿갓**으로 불리게 됐지요.

★ 김병연이 미로를 탈출할 수 있게 도와주세요.

출발 → / 도착 →

월   일

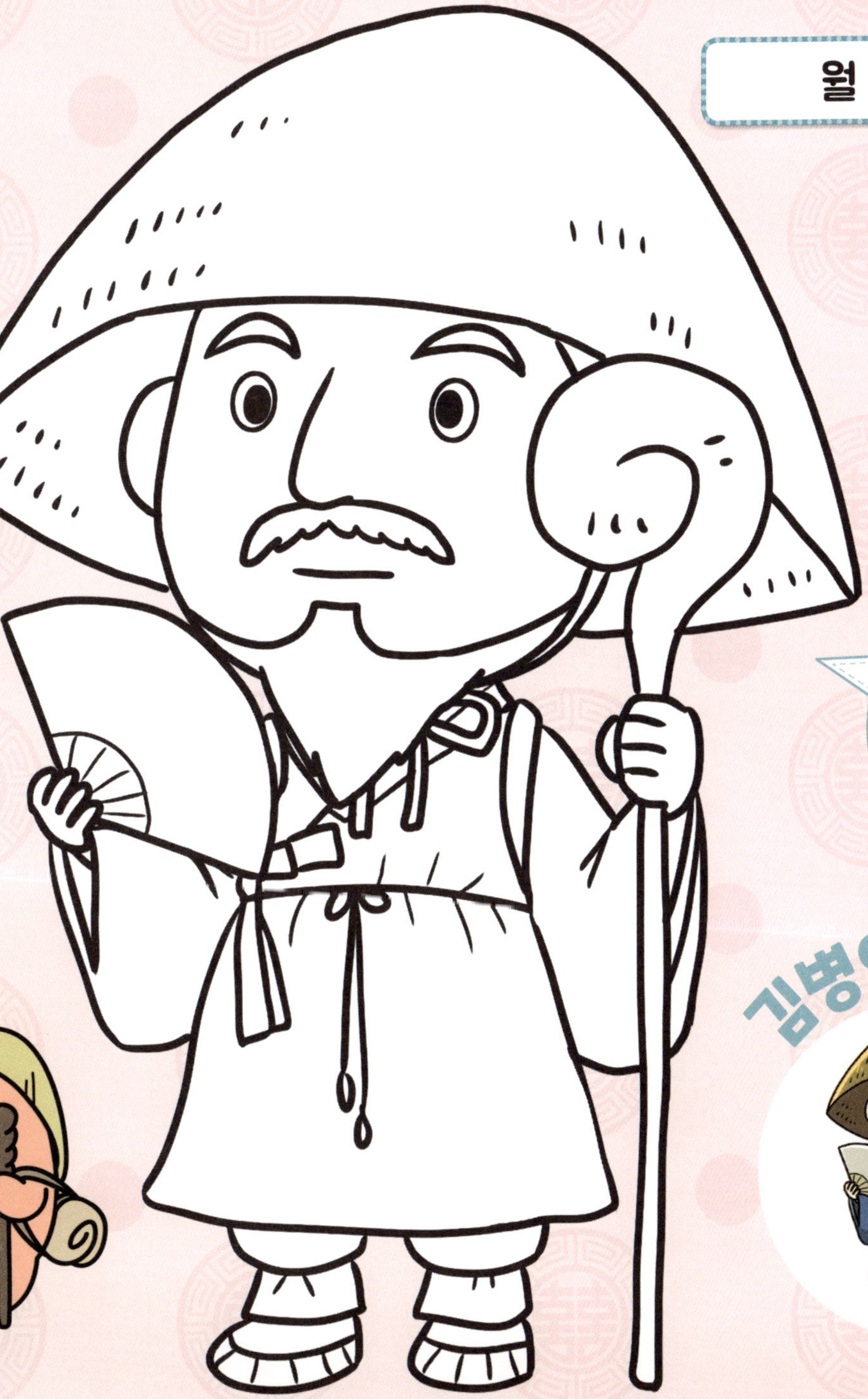

나는 하늘을 올려다볼 수 없는 죄인이오.

김병연 색칠하기
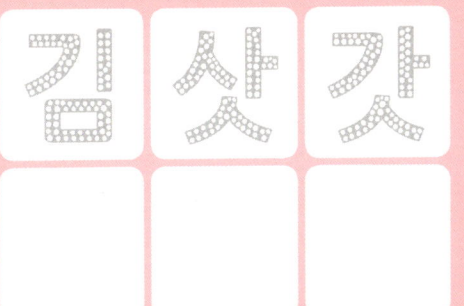

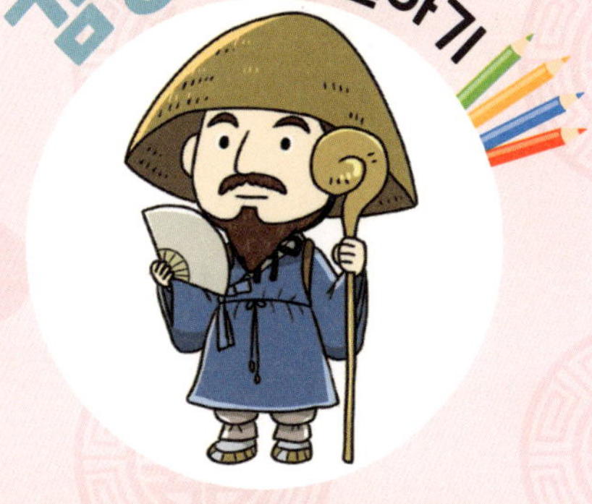

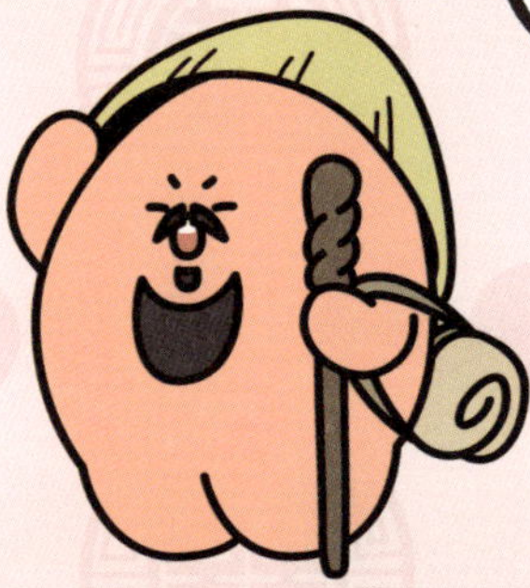

따라쓰기

김병연　　김삿갓

우리나라 최초의 천주교 신부
김대건

1821~1846, 천주교, *순교자

우리나라 최초로 천주교 신부가 된 김대건은 2021년 유네스코 세계기념인물로 선정되었어요. 스물다섯 살에 순교한 김대건 신부는 짧은 삶을 살았음에도 모든 사람은 평등해야 한다는 박애주의를 실천했다는 평가를 받고 있어요.

✦ 아래쪽 도형 순서대로 길을 지나 탈출해 보세요. ✦

* 순교자 : 압박 속에서도 자신의 신앙을 지키기 위하여 목숨을 바치는 일.

월 일

김대건 색칠하기

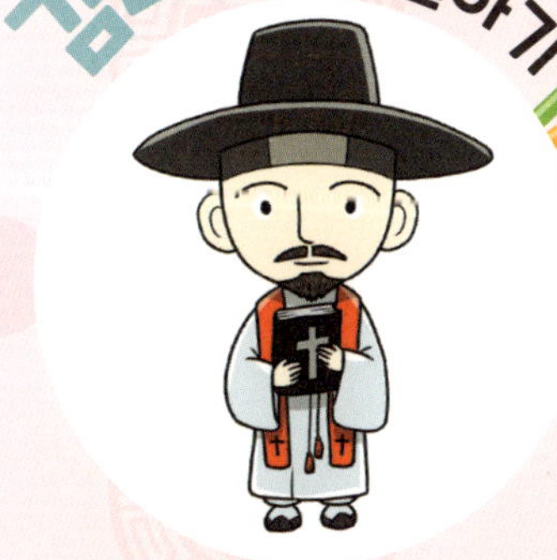

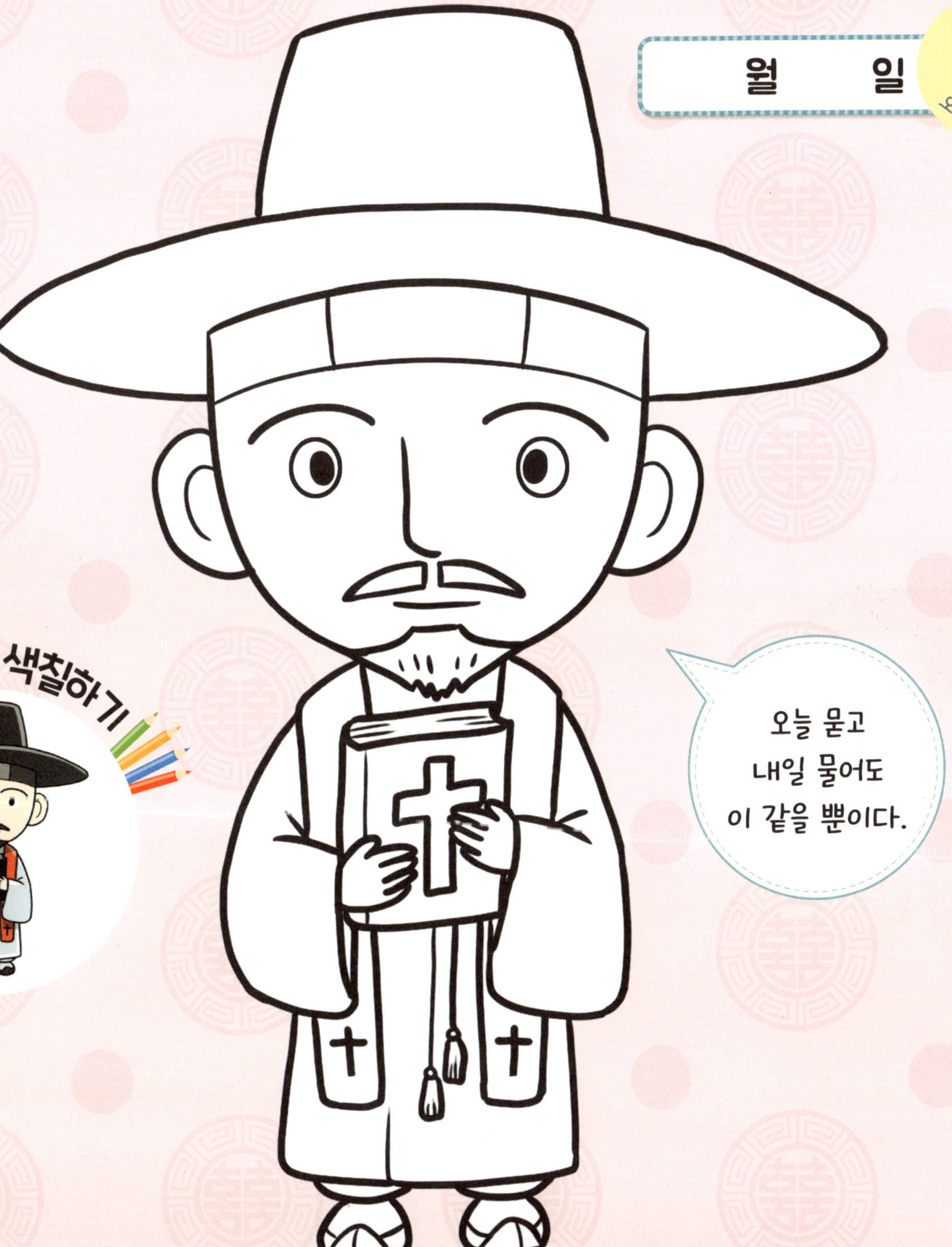

오늘 묻고 내일 물어도 이 같을 뿐이다.

따라쓰기

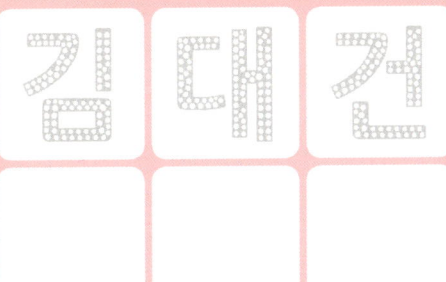

*일제에 맞선 평화주의자
안중근

1879~1910, 독립운동가, 교육자

안중근은 일찍 **개화사상**을 접했고 학교를 세워 교육에 힘썼어요. 일본이 대한 제국과 강제로 **을사늑약**을 체결하고 주권을 빼앗아가자, 연해주 지역으로 건너가 나라의 주권을 되찾기 위한 ***의병 운동**에 참여했어요. 그리고 을사늑약에 앞장선 이토 히로부미를 사살했지요.

❋ 안중근이 태극기가 있는 곳에 도착할 수 있게 도와주세요. ❋

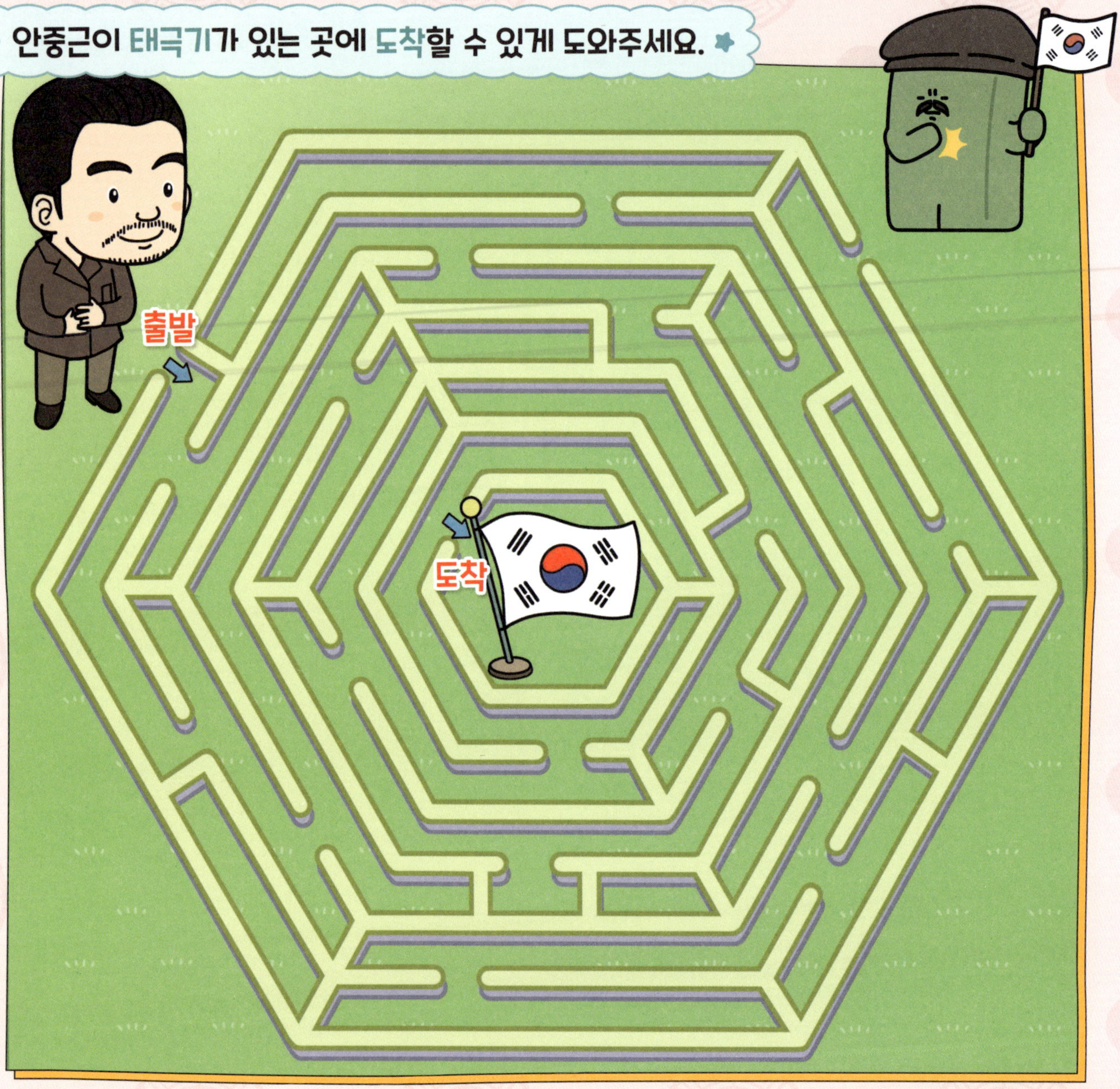

* 일제 : 일본 제국주의. / * 의병 : 일제 침략에 대항하기 위해 백성들이 자발적으로 만든 군대.

월   일

하루만 책을 읽지 않아도 입안에 가시가 돋는다.

안중근 색칠하기

따라쓰기

안중근   의병

자주 독립의 꽃
유관순

47 근현대

유관순 생가

1902~1920, 독립운동가, 3·1만세운동

서울에서 학교를 다니던 유관순은 고향으로 내려가 3·1만세운동을 계획했어요. 3·1운동 중에 아버지와 어머니가 일제에 의해 목숨을 잃었고 유관순은 *주모자로 체포되었지요. 감옥에 갇혀서도 독립 만세를 외치다 갖은 고문을 당해 감옥에서 목숨을 잃고 말았어요.

✱ **찾아라! 다른 그림 3개** ✱

* 주모자 : 어떤 일이나 음모를 꾸미는 데 앞장서는 사람.

월 일

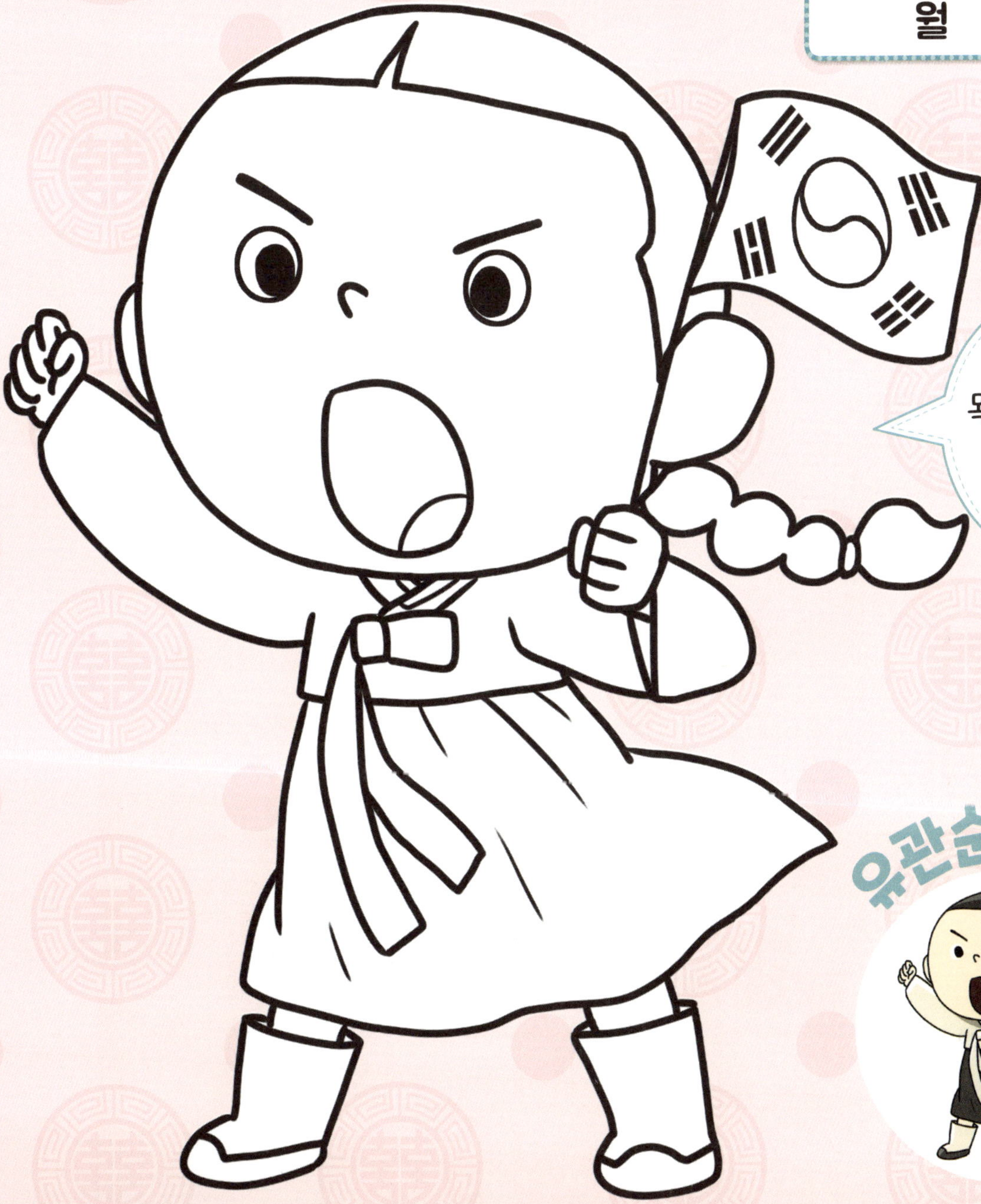

나라에 바칠 목숨이 오직 하나밖에 없는 것이 유일한 슬픔입니다.

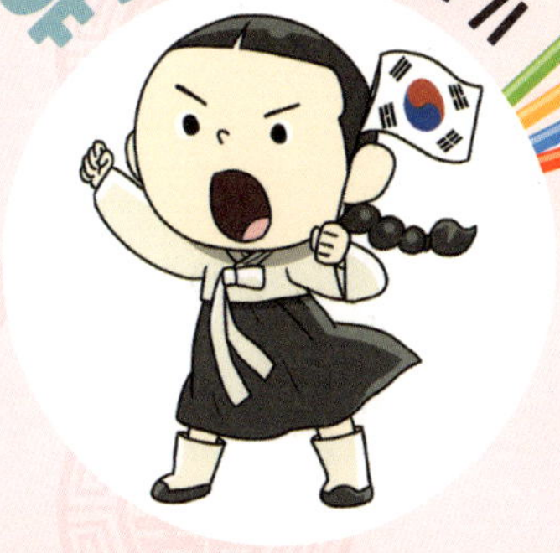

유관순 색칠하기

따라쓰기

48 근현대

*항일 투쟁의 신화
김좌진

1889~1930, 청산리 전투, 독립운동가

김좌진은 무장 독립운동을 펼쳤어요. 김좌진이 이끄는 **북로 군정서**와 **홍범도**가 이끄는 **대한 독립군**이 연합해 일본군을 크게 무찌른 **청산리 전투**가 특히 유명하지요. 이후 일본군이 *보복해 오자, 독립군 부대 10개 단체가 모여 **대한 독립 군단**을 조직했으며 김좌진이 부총재를 맡았어요.

김좌진 생가
(사진:한국관광공사)

✦ 사다리와 구멍을 통과해 탈출해 보세요. ✦

* 항일 : 일본 제국주의에 맞서 싸움. / * 보복 : 남이 저에게 해를 준 대로 되돌려 줌.

월 일

대한 독립 군단을 조직하자!

김좌진 색칠하기

 따라쓰기

김좌진 홍범도

49
근현대

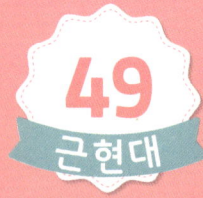

폭탄을 던진 독립운동가

윤봉길

1908~1932, 독립운동가, 교육자

중국 상하이에서 일본 국왕의 생일 기념 행사가 열렸어요. 물통 폭탄과 도시락 폭탄을 품고 행사장에 간 윤봉길은 일본군 상하이 총사령관을 향해 물통 폭탄을 던졌어요. 일본의 주요 인물들에 맞섰다는 것이 중국인들에게 깊은 감명을 주었고, 중국이 대한민국 임시 정부를 지원하는 계기가 되었답니다.

찾아라! 숨은 그림 : 종이배, 요구르트병, 종

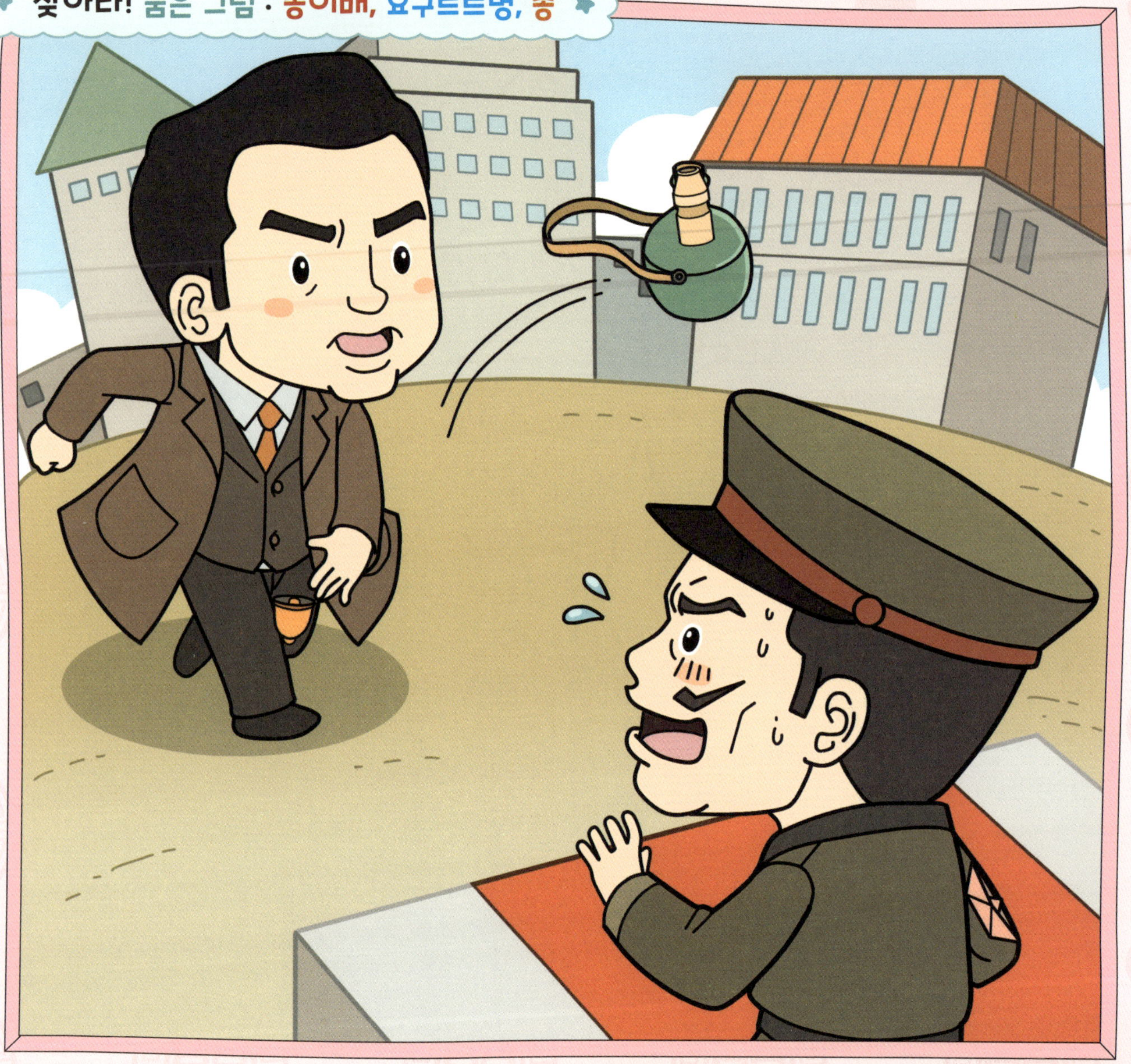

월 일

너희도 만일 피가 있고 뼈가 있다면 반드시 조선을 위해 용감한 투사가 되어라.

윤봉길 색칠하기

따라쓰기

나의 소원은 통일
김구

1876~1949, 대한민국 임시 정부 *주석

김구는 일제 강점기에는 **독립운동가**로, 8·15광복 이후에는 **민족 지도자**로 활동했어요. 3·1운동 후 중국 상하이로 건너가 **대한민국 임시 정부**의 중요한 자리를 맡은 김구는 체계적인 독립운동을 위해 힘쓴 **애국지사**지요. 상하이에서 독립운동을 하는 동안 자서전인 **<백범일지>**를 남겼어요.

✿ **찾아라! 숨은 그림 : 열쇠, 도장, 반지** ✿

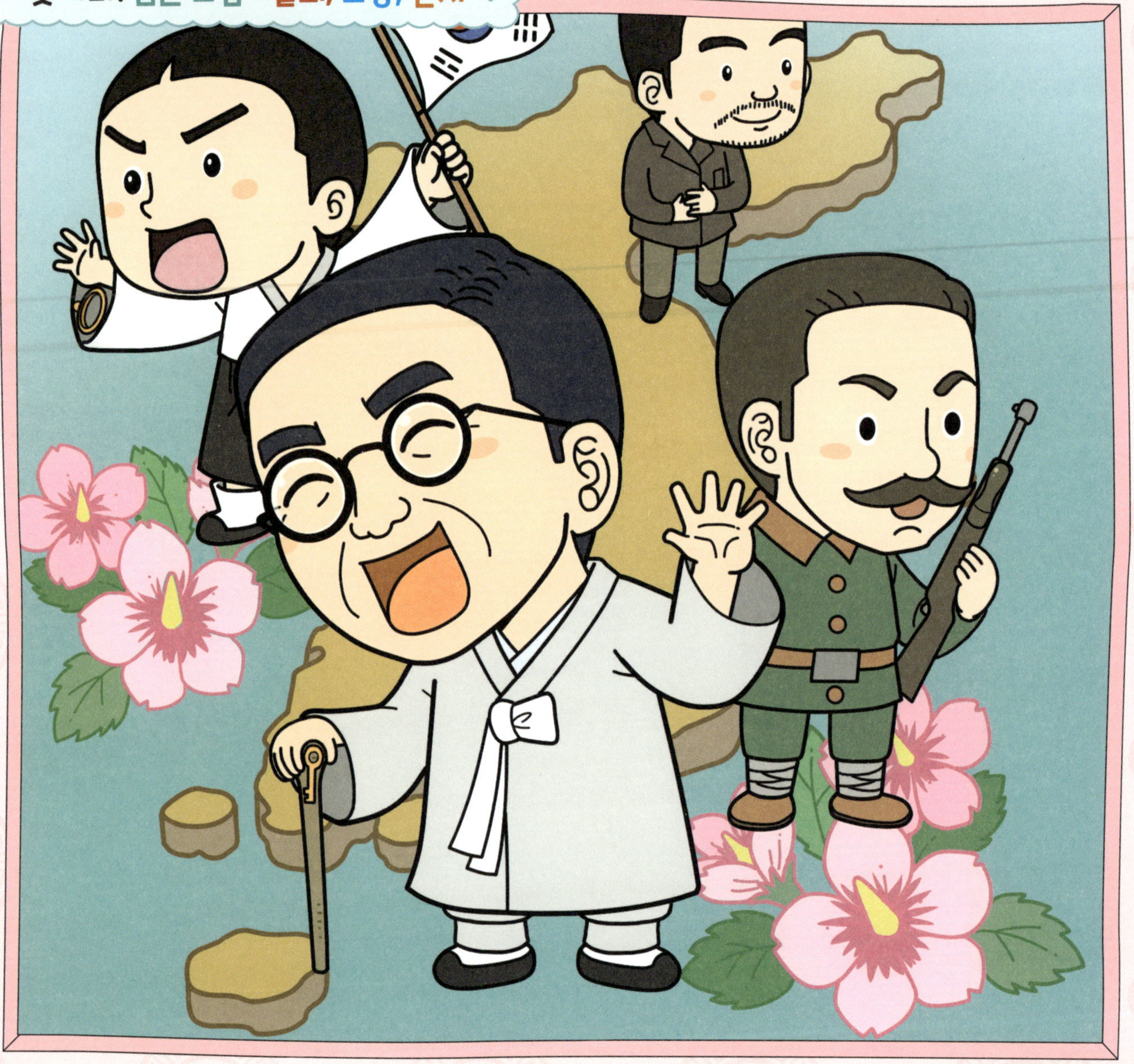

* 주석 : 국가나 정당 등의 최고 직위 또는 그 직위에 있는 사람.

월 일

오늘의 나는?

김구 색칠하기

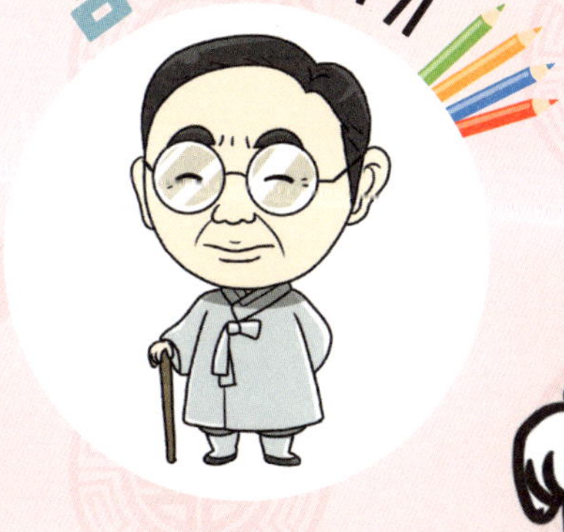

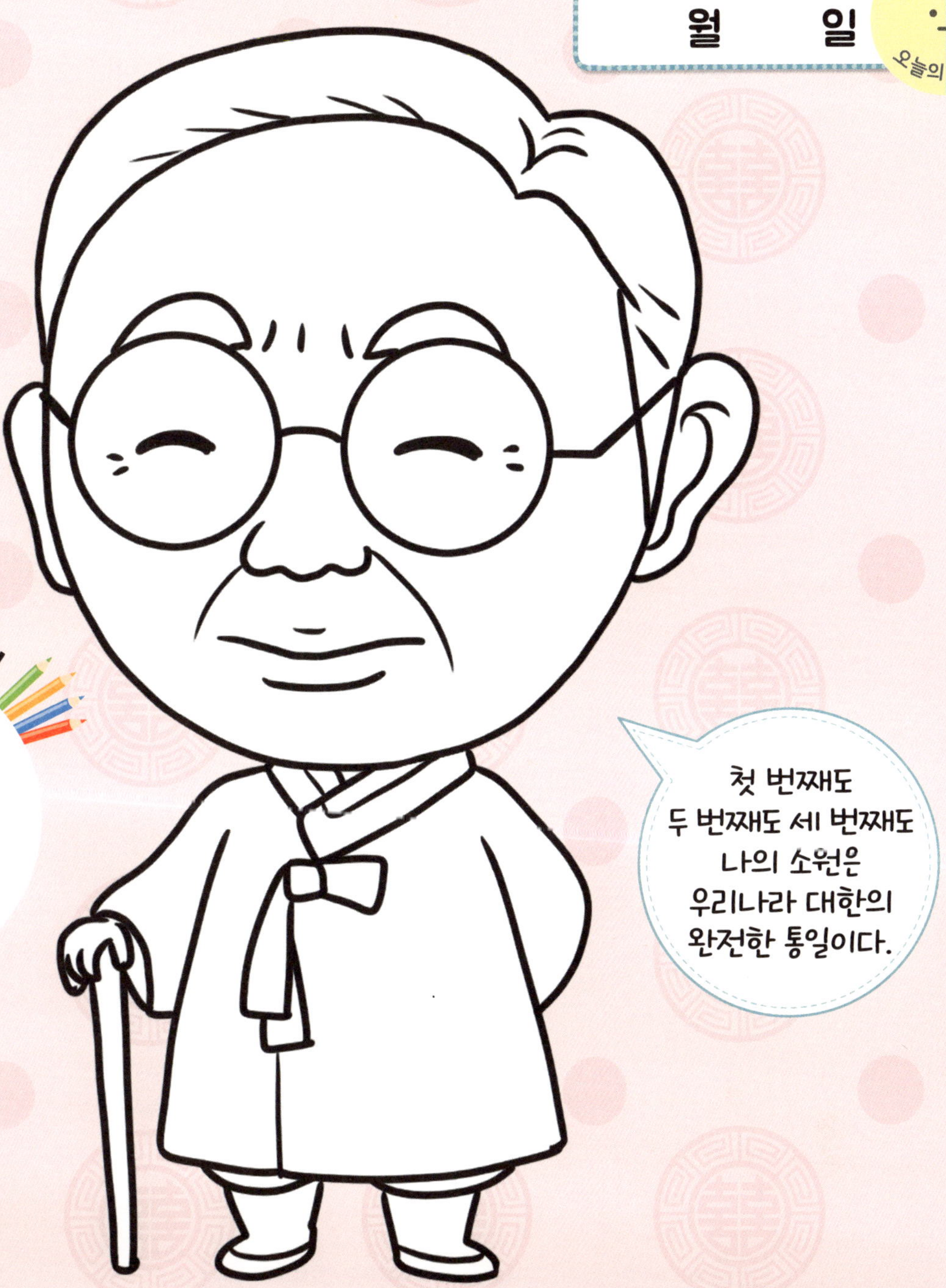

첫 번째도 두 번째도 세 번째도 나의 소원은 우리나라 대한의 완전한 통일이다.

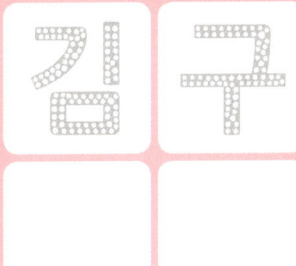

재미있는 알쏭달쏭 퀴즈

1 OX 퀴즈

북극곰의 털은 흰색이다?

힌트! 북극곰의 털은 투명할 정도로 무색에 가깝고 피부색은 검다고 하던데….

정답:

2 초성 퀴즈

우리나라를 대표하는 전통 무술은?

ㅌ ㄱ ㄷ

힌트! 2000년에 열린 올림픽부터 정식 종목으로 채택되었대요.

정답:

3 OX 퀴즈

고양이는 수염을 자르면 방향을 잃는다?

힌트! 고양이의 수염은 공간 감각, 균형 감각 등을 느끼는 털이지요.

정답:

하나! 둘! 셋! 점잇기 놀이

정 답

정 답